JN221183

創業明治41年

釜浅商店の「料理道具」案内

釜浅商店
熊澤大介 4代目店主

PHP

はじめに

いつも助けてくれるのが、「良い料理道具」です!

料理上手になるための近道、それは間違いなく「良い料理道具」を選ぶことです。どんなにベテランのお寿司屋さんでも、切れない庖丁を使っては切り口の立ったきれいなお刺身を引くことはできませんし、どんなに腕の良いコックさんでも、底の薄いおもちゃのようなフライパンではすぐ焦げついてしまい、美味しいステーキは焼けません。

わが東京・合羽橋の料理道具専門店「釜浅商店」には、毎日多くの料理人の方が道具を求めていらっしゃいます。その方たちが教えてくれた事があります。

「良い料理道具は、いつも助けてくれる」

つまり、丁寧で美味しい料理は良い料理道具があるからこそできるということ。そうした料理を創る料理人ほど、自分の手になじんだ良い料理道具を大切に使っているのです。

では、良い料理道具とは?

この本では僕たち釜浅商店が考える良い料理道具と、その道具たちとのつき合い方や信頼関係を築く方法をまとめています。読み終えたとき、鍋やフライパン、庖丁たちがいつもより愛おしく思え、毎日の料理、そして暮らしがもっと楽しく感じるようになってもらえたら、いいなと願っています。

CONTENTS もくじ

南部鉄器編

庖丁編

〝ひと手間〟道具 …… 117

道具を知る　その1

暮らしを豊かにする道具には「理（ことわり）」がある

「良い道具とは、どういうものを指すのですか？」

店に立っていると、こんな質問をされることがよくあります。そんなときはいつも、「理があるもの」と答えています。

道具はなんとなくや、カッコいいからデザインされているわけではなく、なぜこの形をしているのか、どうしてこんな素材を使いこの色で塗ったのか、実はどれもしっかりとした理由があるのです。僕らの先人たちがあれこれ使いながら、もっと便利に、より機能的に、そしてさらに楽しく使えるように改良を重ね、知恵と工夫をたくさん詰め込んだもの。これこそが良い道具と言えます。

だから、そうした理のあるなしが道具を選ぶ際の目安になります。理の部分はたいてい着飾っているわけでもなく、どちらかというと無骨で素っ気ない。でも、使っているうちにじんわりとその優れたところが響いて、いつしか心がつかまれてしまうのです。

僕らはそうした道具を料理道具ならぬ、「良理(りょうり)道具」と呼んでいます。

理のある道具をきちんと理を知った上で使うと、手順ややり方が変わったわけでもないのに不思議と料理の腕が上がったように思えます。実際、料理を口にしてみると以前より間違いなく美味しく感じられる。すると、次はこの道具を使ってなにを作ろうかと思いを巡らせ始めるのではないでしょうか。

気がつくと、毎日の暮らしがワクワクしてくる。良い道具との出会いは、いつもの日常に弾みを与え、暮らし方をとても豊かにしてくれるのです。

右から、鉄釜[30cm]、南部鉄瓶[1.5ℓ]、すき焼き鍋あられ、南部丸浅鍋[22cm]、南部寄せ鍋[24cm]。

鉄瓶

見て、触って、感じる南部鉄器の妙を日常で親しむ

南部鉄器は一見、敷居が高いと感じるかもしれませんが、作り手の知恵や技がたくさん詰まっていて道具を知るには最適の教材です。鉄器で象徴的なのがこの鉄瓶。鉄鋳物なのでお湯をまろやかにし、趣きのあるたたずまいが目を楽しませてくれます＝南部鉄瓶[1.5ℓ]。

つる（持ち手）は内部が空洞になっています。鉄瓶が湯気を出し、どんなに熱くなっていても素手ですっと持てる。

中をのぞくとネズミ色。1000度の熱で真っ赤に焼く「釜焼き」という作業でサビ止めの酸化皮膜を付着させています。

お茶の世界で愛用されてきた道具だけに、職人が丁寧に手作業で施した模様にはわびさびといった、和を感じます。

鉄釜

お米を美味しく炊くために考え抜かれた機能美

かつて日本人はこうした釜でごはんを炊いていました。鉄なので熱の伝わりが優しく、鋳物の表面が水の不純物を取り除いてもくれる。不要な水分も木蓋が吸うので、しっかりとした歯ごたえがありながら、柔らかくふっくらしたごはんができます＝鉄釜[30㎝]。

つば（羽）はかまどにかけるためのもの。
釜全体を炎が包み、熱を均等に行き渡らせ、ごはんに最適な環境を提供します。

木の蓋は釜を密閉させるとともに、釜内の余分な水分を吸収する役目があります。お陰でごはんが水っぽくなりません。

底がころっと丸みを帯びているのは釜の中の対流を良くして、お米をよく躍らせるため。
ふっくらと炊くための工夫です。

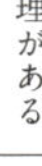

鉄鍋

素っ気ない見た目とは裏腹に、器用になんでもこなせます

鉄鍋となると、形や大きさは多種多様になってきます。一般的にすき焼きやどじょう鍋など和食のイメージが定着していますが、実は焼くから炒める、揚げる、そしてオーブン・グリル料理までと幅広い料理をオールマイティにこなす、かなりの優れものです＝南部浅鍋[22cm]。

ざらっとした表面の鉄器は、料理をすることで素材の鉄から鉄分を効果的に摂れると言われています。

3本の脚がついている鍋は安定感があるので、料理後、そのまま皿としても使えます。

庖丁は片側から刃をつけた片刃（かたば）と、両側から刃をつけた両刃（りょうば）に大別されます。片刃は日本で生まれ、日本の食文化とともに発展してきたので「和庖丁（わぼうちょう）」と呼ばれています。刺身のあのつやつやとした断面は和庖丁だからこそ切れる和の美です＝出刃［15cm］。

和庖丁

世界から賞賛される和食の美を創り出す切れ者たち

金属部分と柄をつなぐ部位を「口」と呼びます。木と同様に水で引き締まる性質のある水牛を用いることが多い。

柄尻（えじり）という部分をよく見ると、楕円か栗の形をしています。柄が滑らず握りやすいように考えられた形状です。

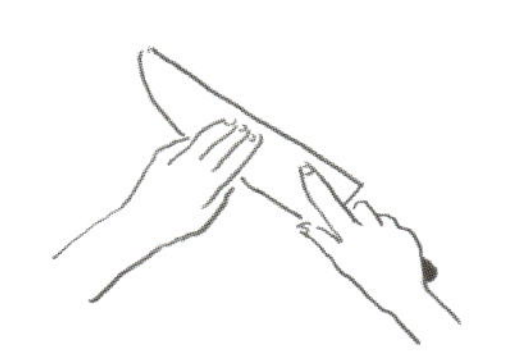

片刃は刃がある側（表）を下にして、引きながら切るなど、水平の動きがしやすいような構造になっています。また、魚の繊維をつぶさずに切れるよう、刃先が鋭くなっています。

洋庖丁

ミニマムな形と性能は、様々な場面で柔軟に応える

両刃は海外から入ってきたものが多いので「洋庖丁（ようぼうちょう）」と呼んでいます。肉をさばくことに長けていますが、野菜や魚も厭わない、まさに万能選手です。一般の家庭でもなじみがあるのがこちらでしょう。切り方は上から下に押して切ります＝牛刀[21cm]。

和庖丁と違って、両側から角度をつけた刃がついています。肉が切りやすいように、先端が鋭利に尖っています。

柄は樹脂と木を固めたものを鋲で留めています。職人の手作業が残る和庖丁に対して大半は工場で生産されています。

フライパン

素材や加工を知ることで、道具の持ち味を生かす

ひと口にフライパンと言っても、素材にはアルミ、ステンレス、鉄などがあり、焦げや汚れがつきにくいコーティングタイプもあって、それぞれで特長が違ってきます。最近では、あえて重たくサビやすい鉄フライパンの愛用者が増えています＝鉄打出しフライパン[22cm]。

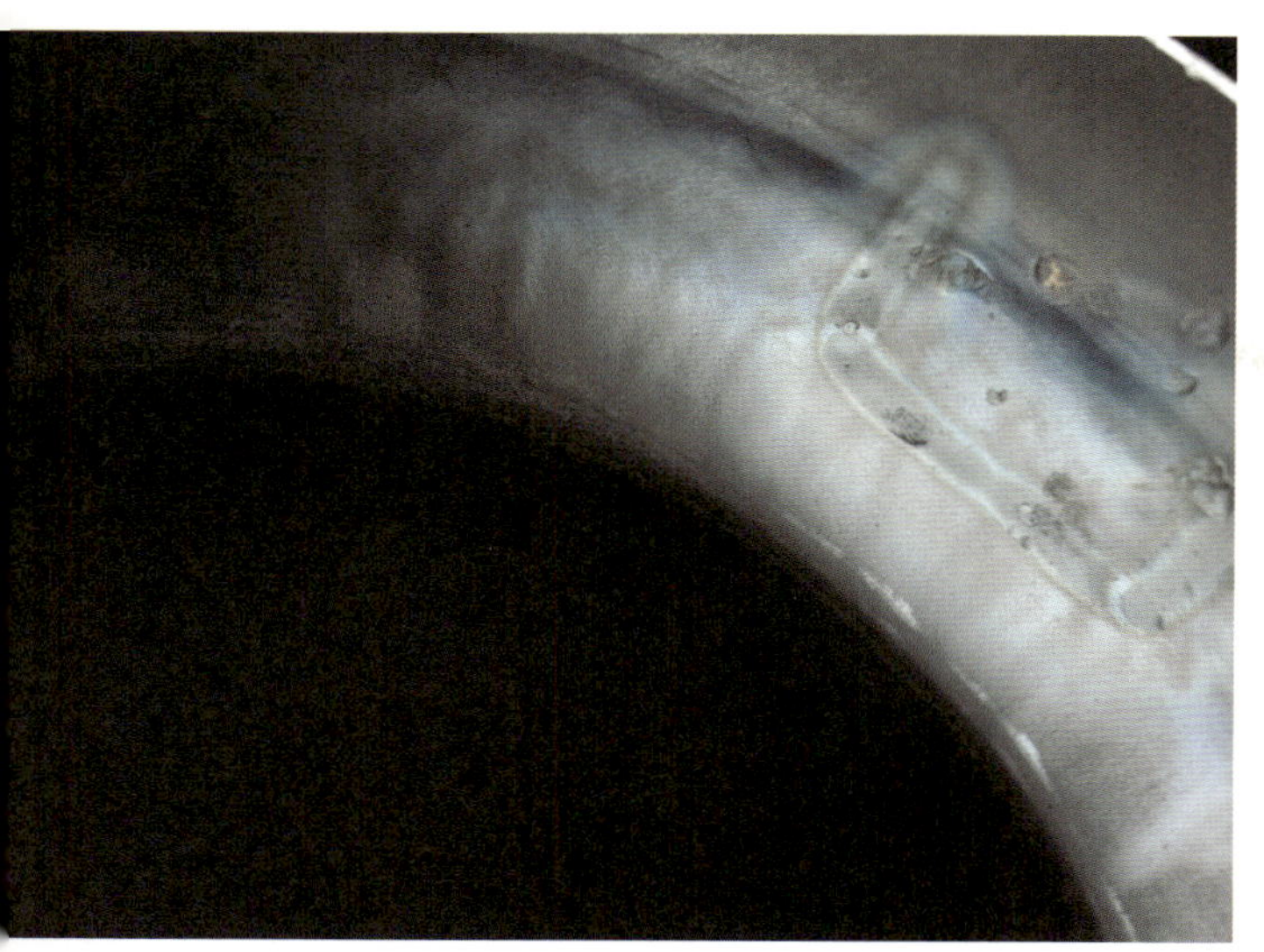

ハンマーで3000回叩く「鉄打出し」により底が波を打っている。この凸凹に油がなじんでいい感じの焦げ目がつきます。持ち柄はビス留めをなくして溶接にしたことで、内側に余分な突起がなくなり、手入れがしやすくなっています。

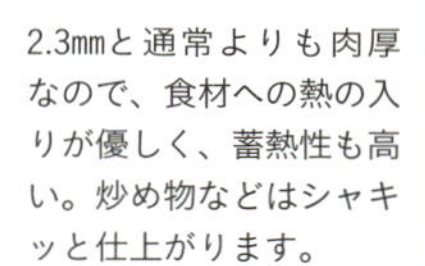

2.3㎜と通常よりも肉厚なので、食材への熱の入りが優しく、蓄熱性も高い。炒め物などはシャキッと仕上がります。

柄の位置が低いので、蓋をすることができ蒸し焼きなどにも対応可能です。このフラットな容姿がまたカッコいい。

行平鍋（ゆきひらなべ）

料理で出番の多い端役を、あえて主役として扱ってみる

煮る、茹でる、出汁（だし）を取ると日々活躍する行平鍋。こうした道具ほどちょっとこだわってみると、毎日の暮らしがさらに楽しくなります。こちらは職人が叩いて作ったタイプで、光の当たり方で多様な表情をのぞかせます＝アルミ姫野作本手打行平鍋両口[15cm]。

3種類のハンマーを使い分けることで、まんべんなく凸凹が。叩くことでアルミが引き締まって丈夫になります。

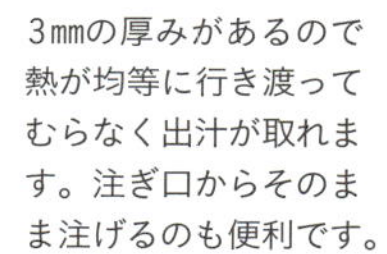

3㎜の厚みがあるので熱が均等に行き渡ってむらなく出汁が取れます。注ぎ口からそのまま注げるのも便利です。

道具を知る―その2

道具との関係は、「育てる」ことから始まる

永く使うことができる、これも良い道具である条件のひとつだと思います。ただ、そのためには愛情を持って手入れをする必要があり、ものによっては使う前にいろいろと馴らしをしていい状態で使える調整をしなければなりません。使い始めてからもこまめに手入れをしていかないと、道具が持っている本来の力を引き出せない。そればかりか、サビたり、切れなくなったり、言うことも聞いてくれなくなってしまいます。

　ところが、こうした手間をかけることで、良い道具ほど使いやすく、手になじむ道具になっていきます。そして、使う人の十人十色のクセにも合わせ、その人なりの好みの色に染まってくれるわけです。さらに、使い込むほど艶やかないい表情を見せ、ぐっと味わいも増します。まさに自分だけの、特別な一点ものに仕上がっていくのです。

　これを「育てる」と呼んでいます。

　買った瞬間から劣化の道をたどって、ダメになったら買い替えなければならないものがある一方、良い道具は使い込めば使い込むほど、どんどん使いやすいよい状態になり、見た目にも味わい深い色気のある様子になっていきます。ある意味、この未完成な部分は、使う人の好みに合わせるために残してある「余白」なのです。

　道具とこうしたつき合いができると、もうだんぜん、手入れをするのが楽しくなってきます。道具への愛着もじわりじわりとわいてきます。こうなると、自分とともに歳を重ねる、一生つき合っていけるパートナーと巡り合えたことを実感できるはずです。

南部鉄瓶［1.5ℓ］

南部鉄瓶

ともに暮らせば、かけがえのない道具に変わる

5年ほど使い込むとネズミ色だった内側は赤みを帯びてきます。サビのように見えますが、まったく問題はなく、順調に育った証拠です。こうなるともう手放せなくなります。ちなみに、内側はくれぐれも洗わないこと。せっかくの皮膜が取れてサビる原因になります。

鉄釜

時の刻みが
一つひとつのキズに残り、
やがて魅力を作る

たとえ、つばの一部が欠けていようとも、吹きこぼれた跡が残っていようとも、それは美味しいごはんを頬張った思い出の記録。10年来の仲となるとそうしたキズも愛おしく感じてきます。一生のつき合い、いや、次の世代にも渡していきたいと大切に思うはずです。

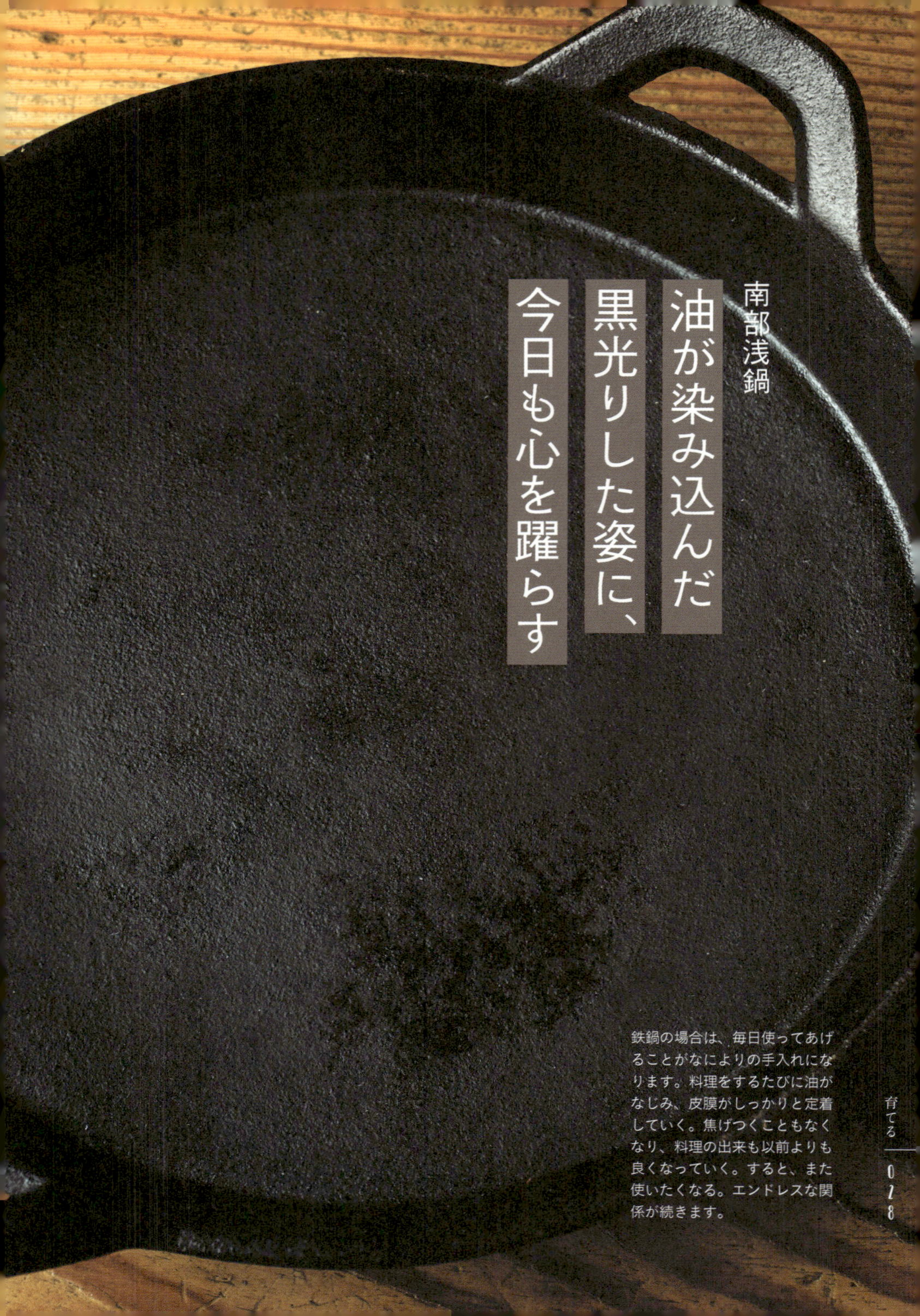

南部浅鍋

油が染み込んだ黒光りした姿に、今日も心を躍らす

鉄鍋の場合は、毎日使ってあげることがなによりの手入れになります。料理をするたびに油がなじみ、皮膜がしっかりと定着していく。焦げつくこともなくなり、料理の出来も以前よりも良くなっていく。すると、また使いたくなる。エンドレスな関係が続きます。

出刃

使い込まれた1本が、すばらしい料理の残像を伝える

東京・恵比寿の隠れ家的な人気料理店「魚のほね」の店主、櫻庭基成郎さんが約10年愛用する出刃です。白だった柄も毎日握られたことでアメ色に変わり、渋さを増しています。これでどんな料理をさばいてきたのか、想像するだけでドキドキしてきます。

柳刃

細いながらも、強い存在感に目が釘付け

これも櫻庭さんからお借りしてきた1本。包丁を研ぐということは刃の部分を削（けず）ることでもあり、何度も何度も研がれた包丁は新品のときに比べ半分ぐらいの幅になってしまうこともあります。そうなると、もう自分の分身のように思えてくることでしょう。

鉄打出しフライパン

近づきがたかった外見が、親しみのある表情に変貌していく

鉄なので、よく家庭で使っているフライパンより重たいし、水気があればサビてしまう。最初はなんだか扱いにくいと感じてしまうが、炒め物や焼き料理の仕上がりが格段に違うことに驚きます。気がつけば、毎日使いたくなるほど愛着がわいている自分がいます。

アルミ姫野作本手打行平鍋

新品の輝きが味のある色合いに

この姫野作の行平鍋は新品のときは光が反射してキラキラと輝きます。使っていると輝き自体はなくなって、逆に渋味が出てきます。まるで家にふらっと遊びに来たお客さんがいつの間にか一緒に住むようになり、ついに家族の一員になったことを実感するようです。

南部鉄器編【なんぶてっきへん】

道具の「物語」に触れてみましょう！

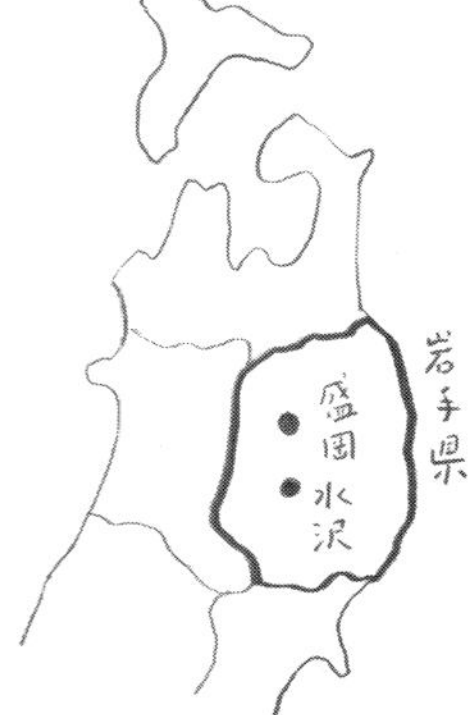

盛岡と水沢生まれが南部鉄器の証

道具とつき合っていくには、道具のことをまずは知る。これが大切です。その道具がどのように生まれ、どういった背景や環境を経て今日に至ってきたのか。成り立ちやいわれ、そして作られている場所など、道具にまつわるいろいろな「物語」を知ることで、とっつきにくいと思われていた道具との距離感も縮まっていくように感じます。

鉄の鋳物である南部鉄器は江戸時代、今の岩手県にあった南部藩（現盛岡）の藩主が当時武士の教養であった茶道を深くたしなみ、17世紀中ごろに京都から茶の湯の釜を作る釜師を招いて作らせたのが始まりとされています。南部の名前はその藩名が残ったわけです。

盛岡は鋳物の原料となる良質な砂鉄に恵まれ、また南部藩が各地より多くの鋳物師や釜師を招き抱えて保護育成に努めたことで発展を遂げました。18世紀ごろになると釜を小ぶりに改良した鉄瓶が誕生し、武士だけでなく一般の民も手軽に使うようになりました。

一方、同じ岩手県内の伊達藩領にあった旧水沢市（２００６年の市町村合併で現在は奥州市水沢区に）では古くから鍋や風鈴といった日用品の鋳物作りが盛んでした。盛岡同様、職人が一つひとつを手作りする昔ながらの伝統技術や技法が受け継がれています。

今、全国に鉄鋳物の産地がありますが、この盛岡と水沢で作られているものだけを南部鉄器と呼びます。買い求める際は、まずはどこで作られたものかを確かめてみることが大事です。

鉄分が摂れるサプリメント的な道具

鉄瓶で沸かした白湯（さゆ）を毎朝飲むと体にいい。貧血の人や妊婦は鉄鍋で作った料理を食べたほうがいい。南部鉄器には昔からこうした暮らしの知恵的ないわれが伝わっています。実はいずれも根拠のない話ではないのです。

まず、水を浄化する作用があると言われています。鉄瓶でお湯を沸かすと、鋳物の表面に水の不純物が付着し、お湯がまろやかになるというのです。釜浅商店では水道水をくんだ鉄瓶を火にかけ、ちんちんと沸かした白湯をときどき飲んでいますが、浄水器を使わず、ペットボトルの水でもないのにまろやかで美味しいのに驚きます。

さらに注目は、鉄器で料理することで道具から鉄が溶け出し、料理を食べることで鉄分を効果的に摂れる点です。このところ子どもたちの間で貧血になる子が増えており、その原因である鉄分不足は鉄製の料理道具を使わなくなったからと指摘されるぐらいです。

実際に、食品の鉄分より道具の鉄分のほうが体内に吸収されやすいという実験結果があります。また、天ぷらなどの揚げ物では鉄分摂取の効果はあまりないようですが、シチューなど長時間煮込む料理や、酢やケチャップなど酸性の調味料を使うとより鉄が溶け出してくるようです。

こうした「物語」を知って使えば、道具の持つすばらしさをより味わえると思います。

南部寄せ鍋［12cm］

手に取ってみると、印象が変わってきます

質実剛健で無骨なたたずまいから、オトコっぽい印象がある南部鉄器も、実際に手にしてみると、親しみのある表情を見せることに気づきます。

天気のいい日中などでは陽だまりの中で淡い光沢を放ち、しっとりとした優しげな一面を見せます。すっぽりと両手に収まるサイズの鉄鍋は丸っこい姿がなんとも愛らしく、かわいくも思え、いつの間にか心が通じ合えたような気分にも。

そんなチャーミングさはギフトに最適。リボンをほどき、包装紙をはずしたとたんに鉄器が顔をのぞかせたら、もらった相手はスペシャルな気分を感じるはず。料理道具というのは、意外に気づいていないかもしれませんが、気の利いた贈り物になったりもするのです。

南部寄せ鍋［12cm］

南部寄せ鍋［9・12・15cm］

南部鉄器の理点（ことわりポイント）とは

ずっしりと重たいのにはワケがある

柔らかく優しい火が入る

黒々とした色に、硬質で古風。これが南部鉄器に多く見られる容姿です。黒はサビ止めのために塗装した漆の色で、本来は鉄なのでネズミ色をしています。持ってみると、一般に使われているアルミ製の道具に比べると重たいので、鉄であることを実感できます。しかも分厚いため、ずっしり、という言葉を使いたくなります。

ただ、このヘビーな素材にはいろいろと優れた面があり、厚手ゆえに熱がゆっくりと伝わり食材への火の入りが柔らかくなり、そして優しいのです。また、一度熱くなると、鋳物の粗い粒子に熱が入り込むので蓄熱性があり、保温性も高い。

アルミは確かに鉄に比べると軽いので扱いやすいですが、反面、熱の伝導が良過ぎて鍋などは底の中心だけが熱くなって焦げつきやすい面があります。その点、鉄器は均等に熱が入ってくれることで、一部分だけ焦げつくこともなく仕上がります。

さらに、溶かした鉄を型に入れて鋳造する鋳物のため、表面は細かい空気層がある状態になっています。そこに油が入ってなじみ、サビにくく焦げつきにくい皮膜ができあがります。味噌・醤油などの調味料との相性も良く、味が染み込み、道具自体からもいい味を出してくれるのです。

料理をなんでもこなしてくれる

南部鉄器とひと口で言っても、いろいろな形や大きさ、種類があります。

鉄瓶／お湯を沸かす道具で、南部鉄器を代表するアイテム。本来はいろりに一日中掛けていたものなので、持ち手のつるは中が空洞になっていて、どんなに本体が熱くても素手で持てるようになっています。使っていくと内側に赤い斑点が現れ、一見サビかと思いがちですが、白湯が赤くなければ正常な状態と言えます。この斑点によってお湯がまろやかになっていきます。

鉄釜／普段は炊飯器で炊いているごはんも、なにか特別なときは鉄釜を使って炊くと豊かで美味しい時間を過ごせます。つば（羽）が周囲についているのはかまどに掛けるためのもの。火が底だけでなく側面も包むことで均一に熱を行き渡らせるための知恵です。家庭で使う場合はコンロにのせる上置きを使うとかまどと同じ効果が得られます。釜の中でお米が対流するように底は丸く設計されています。

鉄鍋／うどん釜、寄せ鍋、すき焼き鍋、どじょう鍋、いろり鍋、キャセロール、ファミリーパン（フライパン型）といった名前の鍋があります。各々サイズも豊富です。具体的な料理名がついていますが、別にそれだけにしか使えないわけではなく、サイズや形に応じて焼き料理から炒め物、煮込み、揚げ物、オーブン・グリル料理、それにごはん炊きとオールマイティに活躍してくれるのが凄いところです。特定の名称がつくことでその万能性に気がつかないこともあるので、釜浅商店では従来「手付すき鍋」と呼んでいたものを今、「南部浅鍋」と呼んでいます。

4
1
2
5
3

1 南部丸浅鍋［24cm］
2 キャセロールラウンド
3 いろり鍋［15cm］
4 (上)南部どじょう鍋［18cm］
(下)南部浅鍋［22cm］
5 すき焼き鍋あられ
6 南部寄せ鍋［24cm］
7 ファミリーパン
8 南部寄せ鍋［9・12・15cm］
9 南部うどん釜［21cm］

南部鉄器の作られ方

一点一点を熟練の職人が手作業で作る

では、南部鉄器がどのように作られているのか、鉄瓶を例に、簡単に説明しましょう。

❶作図と木型

まず、鉄器のデザインを考え（作図）、それに基づいて木型を作る。

❷鋳型作り

木型を手で回しながら、溶けた鉄を流し込む鋳型を作る。これが鉄瓶の形となる。

❸紋様押し

鋳型の内側に紋様を押し、鋳型の肌に粘土を打ちつけて小さな凸凹を作る肌打ちという作業をする。鉄瓶の表面の凸凹はこうして作られる。

❹中子（なかご）作り

中子とは鋳型の中にはめ込む砂型。これで鉄瓶の内側に空洞ができる。

❺型の組み立て

鋳型に手で中子をはめ込み、これで鋳型の完成。

❻鉄の溶解と鋳込み

鉄を溶解炉で溶かし、それを鋳型に注ぎ込む。

❼型出し

鋳型をはずして、中の鉄瓶を取り出す。

写真提供：及源鋳造

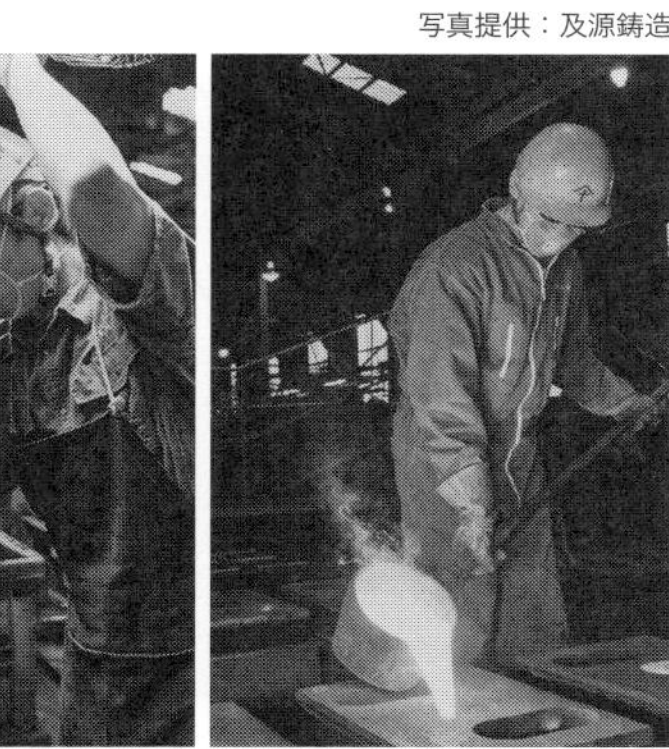

丹念な手作業で作られる。「生型」での製造工程。

❽金気止め

サビを防ぐ酸化皮膜をつけるために木炭炉の中で焼く（釜焼き）。

❾研磨と着色

外側の酸化皮膜を針金ブラシなどでこすり、漆などの植物性の樹脂を塗る。

❿つるの取りつけ

鉄瓶本体につるを取りつける。

ちなみに、鋳型には2つのタイプがあり、「焼型」は粘土と砂を固めて焼く昔ながらの製法です。表面には細かく緻密な紋様がきれいに仕上がり、軽く薄い繊細な鉄器ができあがります。

もうひとつの「生型」は砂に水と凝固剤を混ぜて押し固めて作るタイプ。焼型のように焼く手間が必要なく、できた鋳物を取り出すために砕いた砂を何度も使えるためコストを抑えられ、大量生産に向いています。

こうして作られる南部鉄器は、過酷な仕事環境や安定的な需要に恵まれないことで、近年はほかの産地同様、作り手の高齢化や廃業が目立っています。作る手間もかかることから出回る数が年々減少気味。一方で、外国人観光客の間で高い人気があり、現在はなかなか手に入りづらくなっています。せっかくの良い道具だけに、売り手としては多くの人に使ってもらえる機会をなるべく増やしていければと考えています。

南部鉄器を使う

22㎝の南部浅鍋で、こんな料理ができる！

すき焼きや寄せ鍋といった和のイメージがあり、和食専用の道具と思われがちですが、実はいろんな料理のシーンで活躍してくれる心強い味方でもあります。

鉄鍋であれば、焼き料理はもちろんのこと、炒め物、煮込み、揚げ物、それにオーブン・グリル。ごはんを炊くこともできて、まさに鉄鍋ひとつで和から洋、中華、スイーツまでを幅広くこなしてくれる。その上うれしいのは、そのまま皿としてテーブルに出せるところです。

南部鉄器の中でも汎用性の高い22㎝の南部浅鍋で、わが家ではこんな料理を楽しんでいます。

トマトすき焼き

RECIPE
NANBUTEKKI

レシピはP.46、47

じゃがいものグラタン

煮込みハンバーグ

小松菜と油揚げの
ちりめんあえごま油炒め

チキングリル

❸ 2に生クリームをかけ、オーブンで15〜20分焼いて、できあがり。
（お好みでチーズをかけてもOK）

煮込みハンバーグ

材料（2人分）
牛ひき肉 …300g
玉ねぎ …1個（みじん切り）
にんじん …½本（みじん切り）
にんじん …½本（グラッセ）
にんにく …1かけ（みじん切り）
マッシュルーム
…1パック（軽く炒めておく）
パン粉 …½カップ
ナツメグ … 適量
卵黄 …1個分
塩・こしょう … 各少々
デミグラスソース（市販のもの）… 適量
サラダ油 … 適量

作り方
❶ボウルにひき肉、炒めた玉ねぎ、にんじん、にんにく、パン粉、ナツメグ、卵黄、塩・こしょうを入れねばりが出るまでよく混ぜる。
❷浅鍋にサラダ油を薄く引いて熱し、成形したハンバーグを両面焼き目がつくまで焼く。
❸にんじんグラッセ、マッシュルーム、デミグラスソースを加えアルミホイルをかぶせ、15分煮込めば、できあがり。

小松菜と油揚げの ちりめんあえごま油炒め

材料（2人分）
小松菜 …1把
油揚げ …1枚
ちりめんじゃこ … 適量
ごま油 … 適量
塩・酒 … 各少々

作り方
❶浅鍋で油揚げとちりめんじゃこをごま油で焼き目がつくまで炒める。

RECIPE
NANBUTEKKI

南部浅鍋レシピ
［22cm］

トマトすき焼き

材料（4人分）
すき焼き用牛肉 … 400g
セリorクレソン … 適量
玉ねぎ … 4個
トマト … 6個（一口大）
にんにく … 2かけ
オリーブオイル … 適量
すき焼きのたれ（市販のものでも）… 適量

作り方
❶浅鍋にオリーブオイルとスライスしたにんにくを入れ炒め、香りが出てきたら厚めにスライスした玉ねぎを火が通るまで炒める。
❷ 1にすき焼きのたれを入れ、牛肉、セリ、トマトを入れ煮る。トマトは半量が崩れるくらいまで火を入れ、もう半量は形が残っている状態になったら、できあがり。
❸〆は鍋に残ったたれを少し煮詰めて、茹でたスパゲッティー、粉チーズを入れてナポリタン風で。

じゃがいものグラタン

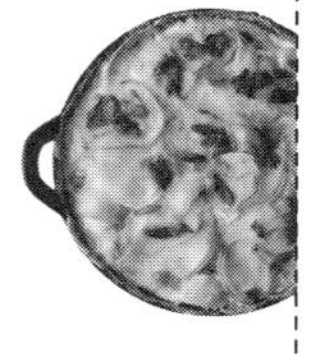

材料（4人分）
生クリーム …200cc
アンチョビ …1缶
じゃがいも …3〜4個

作り方
❶じゃがいもを洗って皮をむき、スライスして水にさらし、ざるに上げておく。
❷浅鍋に 1を広げて並べ、アンチョビを手でちぎって散らす。

コンソメ … 顆粒 大さじ1 or キューブ 1個

作り方

❶鶏肉、きのこ、じゃがいも、ブロッコリーを一口大に切り、鶏肉は塩・こしょうで下味をつけ、じゃがいも、ブロッコリーは軽く下茹でしておく。
❷寄せ鍋にオリーブオイルを引き、にんにくで香りづけしたら鶏肉に焼き目をつけ、ブロッコリー以外の野菜、きのこを軽く炒める。
❸ホールトマト、ローリエ、コンソメを加え10分程煮込み、ブロッコリーを加える。
❹煮立ったら塩・こしょうで味を調え、できあがり。

〈南部浅鍋［20cm］〉

魚介のパエリア

材料（1〜2人分）

米 … 1合
好みの魚介類
　有頭エビ … 2尾　イカ … 4切れ
　あさり … 2個　ホタテ … 2個
好みの野菜
　アスパラガス … 2本
　パプリカ … 赤or黄 ⅓個
パエリアスープ … 200g（市販のもの）
ローリエ … 1枚

作り方

❶魚介類は下処理をしておく。野菜は一口大に切っておく。米はとがずにそのまま。
❷浅鍋に米とパエリアスープ、ローリエを入れ全体を平らにならす。
❸魚介類と野菜をのせ、スープが沸騰したら蓋をして10分程弱めの中火で加熱する。
❹蓋をしたまま10分程蒸らし、できあがり。

（レシピ監修：熊澤三恵子）

❷1にざく切りにした小松菜を入れ炒める。
❸最後に酒をふり、塩で味を調えて、できあがり。

チキングリル

材料（2人分）

鶏もも肉 … 1枚
オリーブオイル … 適量
にんにく … 1かけ（スライス）
塩・こしょう … 各少々
A（いんげん、ミニトマト）… 適量

作り方

❶鶏肉に塩・こしょうをふって手でもんで味をなじませる。
❷浅鍋にオリーブオイルを入れ、にんにくを炒める。香りが出たらにんにくは取り出しておく。
❸鶏肉を皮目から焼き、焼き目がついたらひっくり返し弱火で15分焼く。A も焼く。
❹最後ににんにくを鍋に戻して、できあがり。
（柚子こしょうやトリュフ塩と一緒に）

〈南部寄せ鍋［24cm］〉

鶏ときのこのトマト煮

材料（4人分）

鶏もも肉 … 300gくらい
きのこ類 … 適量
　（えのき茸、舞茸、しめじなど）
じゃがいも … 2個
ブロッコリー … ½房
ホールトマト缶 … 1缶
にんにく … 1かけ（みじん切り）
オリーブオイル … 適量
ローリエ … 1枚
塩・こしょう … 各適量

南部鉄器がある暮らし

しっくりとなじみながら、いつもの日常を上質に変える

南部鉄器にはどこか非日常的な、よそよそしいところがあります。ところが、いったん暮らしの中に取り入れてみると、意外に溶け込んでくれます。

料理道具としてではなく、インテリア雑貨として使っても構わない。ちょっとした小物を入れたり、お菓子の受け皿にしたり。重みがあるのでペーパーウエイトにもなります。すると、趣きのあるたたずまいが知らぬうちに部屋の空気を上質に変えてくれるから驚きです。

南部寄せ鍋［9cm］（上の２点も同）

南部寄せ鍋［15cm］

休日のブランチをいつもと違う風に過ごしたければ、フライパンを鉄鍋に替えてみるのはどうでしょう。黒々とした鉄鍋に盛った目玉焼きの鮮やかな白と黄色がより食欲を誘い、なんだか幸せな気分にしてくれそうです＝南部浅鍋［22㎝］。

南部鉄器の選び方

実物を手にして、道具に話しかけてみる

南部鉄器を購入する際の目安や参考にして欲しいチェックポイントをまとめてみました。

CHECK 1

作っている場所を確かめる

南部鉄器は、発祥地である盛岡と奥州市水沢区（旧水沢市）で作られたものだけを指します。そのほかの産地でも鉄器を作っていますが、正統派の南部鉄器を購入したいのなら、まずはどこで作られたものか、パッケージを裏返したり、店の人などに確認してください。メーカーとしては、盛岡の「岩鋳（いわちゅう）」と奥州市水沢区の「及源鋳造（おいげんちゅうぞう）」が代表的なところ。小さな工場でもきっちりといい仕事をしていて、釜浅もそうした工場でオリジナルの南部鉄器を作っています。やっぱり使うなら、「本場」、そして「本物」にこだわりたいところです。

CHECK 2

道具の内側をのぞく

鉄瓶は土産店や骨董店でも扱っていますが、その多くが鑑賞用か、使ってもすぐにサビてしまうことがあります。せっかく購入したのに、日常的に永く使えないのは残念です。そこで、そんな失敗をしない目利きポイントを伝授しましょう。

見た目ではあまり判別がつかないので、蓋を開けて中をのぞくこと。金気止めの釜焼きをしていれば、中は必ずネズミ色をしています。黒く塗装しているものや、本来そうした用途

のない茶こしがついているものなどは避けるべきです。また、鉄鋳物の重たい鍋でも、サビ防止や鉄臭さが移らないようにホーローを施しているものがあります。扱いやすいけれど、鉄分が摂れたり、水がまろやかになったりと鉄器本来の醍醐味を味わえない。これももったいない話です。「本格的に」道具と接したいと思うなら、内側にテカテカとしたコーティングをしていない、鉄器の地肌がしっかりと残ったものを選びましょう。

CHECK 3

大は小を兼ねない

店に買いに来るお客様で、「普段は2人なんだけど、子どもたちが遊びに来ることもあるので5合炊きのお釜のほうがいいかしら」と相談してくる人が結構います。でも、もし5合を炊くのが年に数回のことだったら、どうでしょう。毎日5合炊きを使うのでは大き過ぎるし、洗うのも面倒になって、結局使わなくなってしまうのでは。だったら、普段使いできるサイズを選択すべきです。南部鉄器に関しては、「大は小を兼ねない」のです。

CHECK 4

使うシーンを考える

この道具でどういう料理をしようか、イメージするのも大切です。自分が普段よくやる料理やこれから挑戦しようと思っている料理で、買おうとしている道具をどれだけ頻繁に使うことになるのか。鉄器は鉄だけに、使わない時間があればあるほど、サビやすくもなります。「毎日使う」、これが道具にとっての理想なのです。

とにかく、ネット通販などで購入するのではなく、実際に扱っている店に出向いて、手に取ってあれこれ確かめ、しばし道具と対話をしてみることをおススメします。

南部鉄器を育てる

手間をかけ、使う出番を増やすと道具も喜ぶ

育て方の4鉄則

❶ 買ってすぐに道具の機嫌を取る。

❷ 洗うときには洗剤を使わない。

❸ 使い終わったら水気を残さない。

❹ とにかく、よく使ってあげる。

●使う前の馴らし運転

新品の南部鉄器は鉄臭さがまだ残っています。植物性の樹脂で焼きつけ塗装をしている鉄鍋などは黒いアクが出てきます。別に食べても害はありませんが、見た目にあまりいいものではありません。また、最初は表面に油っ気がなく焦げつきやすいので、南部鉄器を家に迎え入れ、仲良くつき合っていくにはいくつかの「儀式」をしなければなりません。

まず鉄瓶は、1～2回水ですすいだあと、沸騰させて捨てるを繰り返してください（目安は3回）。鉄鍋の場合は、長ねぎやセロリ、しょうがといった香りの強いくず野菜を、多めの油を入れて弱火で炒めます。10分ほど炒めたら、器ひたひたに水を入れて弱火で1時間ほど煮込む（鉄釜は深いので半日ほど）。こうすることで鉄臭さがなくなるとともに、油の皮膜が表面について焦げつきにくく、サビにくくもなります。

南部うどん釜［21cm］にくず野菜を使って油の皮膜を作る「儀式」中。

●料理の際の注意事項

鉄器は鋳物なので、強度は金属と陶器の中間ぐらいと考えるといいでしょう。当然落とすと割れるし、急激な温度変化でも割れたりします。元々、炭で料理をするために考えられているので、ガスコンロに掛けるときはいきなり強火にせず、中火以下から徐々に熱くしていきます。ＩＨはすぐに高温となるので注意してください。

空焼きは塗装や皮膜がはがれ、アツアツのまま冷水にさらすと割れる原因となります。また、オーブンやグリルは問題ありませんが、電子レンジと食洗機はＮＧです。

●洗い方

料理が終わって洗う際は、洗剤を使わないのが鉄則です。今はなんにでも洗剤を使う習慣がありますが、洗剤は付着した皮膜を取り除き、焦げつきやすくサビやすい購入時の初期モードに戻してしまう。洗う道具も金たわしのような硬いものは避け、柔らかいたわしを使うようにしましょう。たわしはヤシの実で作ったものが一般的です。でも、ここでおススメしたいのはしゅろの木の皮をはいで作ったタイプ。柔らかくコシもあり、鉄器を洗うのに最適です。

お湯とたわしだけで油汚れは取れるのか、衛生的には大丈夫なのかと不安になるかもしれませんが、あまり神経質になる必要はなく、鉄器が熱いうちに洗えば、たいていはきれいになります。ひどい焦げつきなどはしばらくお湯につけたり、そのまま火にかけてお湯を沸かせばはがれます。洗剤で洗ってしまったら、その後すぐにサラダ油などを全体に薄く塗っておくようにしましょう。

鉄瓶に至っては、釜焼きでつけた酸化皮膜が取れるとサビてしまうので、内側は絶対に手で触れたり、洗ったりしないでください。

●保管方法

今、身の回りでサビるものはほとんどありません。その点、南部鉄器は表面に特殊加工を施していない無防備状態なので、油断をするとサビてしまいます。使い終わったら乾いたふきんやキッチンペーパーなどで拭いて、常に水気を残さないことを心掛けてください。

長く使わないときは全体に薄く油を塗って、新聞紙に包んで湿気のないところに保管しておくことをおススメします。

●メンテナンス

食べ物にカビが生えて捨ててしまうのとはわけが違い、仮にサビたからといっても道具は常に元の状態にリセットできます。そこが「良理道具」たる鉄器の優れた点です。

処置方法としては、サビた部分を紙やすりなどでこすり、それでもサビが取れないときは、布やすり、金やすりとやすりの硬度を上げていきます。サビがきれいに取れた鉄器は皮膜も取れた丸裸状態ですから、また最初から育てる手順を繰り返していきます。

鉄瓶は湯アカでも内側が赤くなるので、見た目で判断がつかないことが多い。沸かした白湯が透明ならそのまま使い続けて大丈夫です。白湯が赤くなっていたら、サビている可能性があるため、そのときはお茶がらをふきんで包み、それを入れてお湯を沸かしてください。お茶のタンニンが反応してサビが出にくくなります。

とにかく、毎日のように使ってあげるのがサビさせないコツです。すると、使うたびに鉄器たちは油で黒光りして育っていきます。そのうち艶やかな色気を放ち始める。それは道具が喜んでいる証であり、道具と心が通じ合えた瞬間でもあるのです。

お手入れグッズ
1 しゅろのたわし
2 金たわし
3 布たわし
4 紙やすり

「鉄鍋は、米の甘みと旨味を粒に閉じ込めたまま炊けます」

和食「髙野」（東京・銀座）店主の 髙野正義さん

プロの料理人たちは南部鉄器をどのように扱っているのでしょう。鉄器でごはんを炊かせたら日本一、と僕が思っている「髙野」の髙野さんに伺いました。

髙野さんは鉄釜ではなく、うどん釜という平べったい鉄鍋を愛用しています。その理由は米全体に均等に熱が行き渡りやすく、熱効率がいいからだそうです。

——ごはんを炊くときは水がこぼれたり少なくなったりと状況が目まぐるしく変わります。鍋の中を一定の温度域に長く保ってあげるのが美味しく炊くコツです。

温度が低く少ない熱量で炊けるアルミ鍋、逆に温度が高く熱量も多い土鍋。その中間で、両方のいいとこ取りをしているのが鉄鍋です。土鍋より高温に達する時間が早く、アルミに比べると蓄熱性も高いので、炊きむらが出ません。

そしてなにより、米のデンプン質を粒に閉じ込めたまま炊ける点。鉄鍋のごはんは歯ごたえがありますが、かむと粒の中のモチモチとしたデンプンが口の中全体に広がり、米本来の甘みや旨味が味わえる。ごはんが冷えても、その美味しさが持続できるのが最大の魅力でしょう。

毎日使ってあげると、鋳物の表面にある空気層に米のエキスが入り込んで、鍋自体も美味しく育っていく。日本人の食への知恵がぎっしりと詰まっています。

大学を卒業後、いったんコンサル業に就いていたが、日本の伝統文化に関わる仕事をしたいと食の世界に飛び込む。いくつかの料理店で修業し、2004年に「髙野」を開業。ワインと合わせた和食をコースで出す。料理は助走で、メインは最後に出すごはんとか。

「かまどには神様が宿る」という言い伝え通り、高野さんご愛用の木の蓋は鳥居の形をしています。炊けたごはんは「外剛内柔」の逆アルデンテ。

Q&A
［南部鉄器編］

店でよく
質問されることを
集めてみました

Q　鉄製の急須（きゅうす）を見たことがあるけど、あれも鉄瓶なの？

A　内側がテカテカとしたホーロー加工を施してあり、価格も手ごろであれば機械で量産したものなので鉄瓶ではありません。鉄瓶は職人たちが手作業で作り上げたものなので価格はそれなりにしますすし、内側も金気止めのネズミ色をしています。

Q　骨董店でも鉄瓶を売っているけど、買わないほうがいいの？

A　おそらく長く使っていないのでサビている可能性が高いです。せっかく買うのであれば、サビていないものを買うべきでしょう。

Q　鉄瓶を長く使っていると内側が赤くなってくる。これってサビ？

A　沸かしたお湯が赤くならなければ、サビではありません。そのまま使い続けて大丈夫です。つい赤い斑点を見ると内側を洗いたくなってしまいますが、サビ止めをはがしてしまうことになりますので、内側は洗わないようにしてください。

Q　鉄瓶はサビてしまったらもう使えないの？

A　そんなことはありません。本物の鉄瓶ならサビてしまっても大丈夫です。お茶がらをふきんで包んで、それを入れてお湯を沸かしてください。お茶のタンニンが反応して、サビを出にくくしてくれます。良い道具は長く使っていけるように考えられています。

Q　高層マンションに住んでいるのですべて火元はＩＨ。鉄釜でごはんを炊ける？

A　南部鉄器のほとんどはＩＨで使えますが、温度調節には注意をしてください。スイッチを入れるとすぐに高温となるので鉄器をのせていると割れてしまうことがあります。徐々に温度を上げるようにしてください。鉄釜も使えますが、美味しくごはんを炊きたいならこまめな温度調節が必要です。鍋用のカセットコンロがあれば、それを使って炊くことをおススメします。

Q　土鍋でごはんを炊くのと、鉄釜とではどこが違うの？

A　土鍋はどちらかというと、柔らかめのごはんができます。それに比べると、鉄釜は歯ごたえがありながら、噛んでいると旨味を感じるごはんができ、冷めてからも比較的美味しさは持続する傾向にあります。

Q 鉄釜での炊き方を簡単に教えて？

A まず、軽く米を洗って30分～1時間水につけておきます。次に、ざるで水を切り、米と同量の水を釜に入れて、平らに整える。そして、蓋をして強火に。吹きこぼれたら弱火にして、12分経ったらいったん強火にしてすぐに火を消します。15分蒸らしたら、できあがりです。くれぐれも炊いている間は、蓋を開けないこと。

Q 鉄鍋で揚げ物をした後、油汚れが気になる。食器洗浄機で洗ってもいいの？

A 食洗機は洗浄液の化学反応でサビが通常より発生しやすくなります。使用しないでください。

Q どんなときも洗剤を使わないほうがいいの？

A 洗剤は油を分解する働きがあるため、せっかく馴らしでつけた皮膜がはがれてしまい、サビやすくなり、焦げつきやすくなってしまいます。料理の後まだ鍋が熱いうちに水かぬるま湯でたわしを使って洗えば、たいていの油汚れはきれいに落ちます。もし、洗剤を使ってしまったら、すぐその後に油を薄く塗っておくようにしましょう。

Q 乾燥機や漂白剤も使わないほうがいいの？

A そうですね。いずれもサビの原因となります。洗い終わったら、キッチンペーパーなどを使ってきれいに水気を取るようにしてください。油がなじむことで鉄器自体が黒々とてかり、艶も出てきます。そうして育っていく様を楽しんでください。

Q あと、使ってはいけない料理器具は？

A 南部鉄器は鉄の鋳物ですから、電子レンジでチンというのはNGです。グリルやオーブンは問題ありません。がんがん使ってください。

Q 保管するにはどうしたらいいの？

A 長く使わない場合は、表面に薄く油を塗って、新聞紙に包んでおくのがいいでしょう。保管する場所は湿気のないところがおススメです。

Q 長く使わないでおいたらサビてしまった。もう使えないの？

A サビたからといって使えなくなることはありません。紙やすりや金たわしを使ってサビを取り、買ったときに行った馴らしの作業をもう一度してあげれば、リセットできます。ただし、そのまま放置するとすぐにサビてしまうので、間髪をいれずに油をなじませて皮膜を復元させることです。

STORY OF

GOOD COOKING TOOLS

良理道具のいい話

1

合羽橋に外国人が押し寄せる?!

かつて合羽橋というと、プロの料理人ぐらいしか来ない街でした。その名残は今でもあって、どの店も閉店は夕方5時30分ごろと早い。7時となると、人通りがまったくない寂しい街に変わってしまいます。土日も釜浅は1980年代ごろから開けていましたが、ほとんどの店は閉まっています。ファストフードやコーヒーチェーン、コンビニが見当たらない街というのは、日本広しといえども合羽橋ぐらいではないでしょうか。

大きく変わり出したのが2011年ごろからです。東京の下町が注目され、TVや雑誌がこぞって取り上げ始めた。それに合わせて20～30代の女性やファミリーが街を訪れるようになったのです。そこに勢いをつけたのが東京スカイツリーの開業。これでいっきょに来街者が増えました。

そして今多いのが外国人。うちの店の前にはとバスが止まり、観光客で店内があふれかえっています。14年からはアジア人だけでなく欧米人も目立っています。どうやら日本の料理道具の良さやすばらしさがガイドブックなどで紹介され、海外でも評判のようです。

庖丁編

【ほうちょうへん】

古(いにしえ)から日本人の食文化を刻んできた

片刃(かたば)と両刃(りょうば)の2つの庖丁

料理道具の中で一番身近でありながら、一番わかりづらい、それが庖丁でしょう。というのも、買おうと思えば100円ショップでも売っていますし、ちょっとした専門店に行くと物凄い種類の庖丁が陳列されています。釜浅商店でも扱っている種類は80を数え、点数にすると1000点をゆうに超します。形や大きさは実にいろいろ。価格も5000円台から10万円を超すものまであって、プロの料理人ですらなにを買ったらいいのか迷ってしまう。

そこで、ここではそんな庖丁をわかりやすく解説し、選び方のポイントや庖丁とのいいつき合い方を話していきましょう。

まず、庖丁は刃のつき方で「片刃」と「両刃」に大別できます。家庭でよく使われている庖丁は両刃で、刃の断面が「V」字型をしている。対して、片刃はカタカナの「レ」の字のようになっています。右利きの人が刃先を下にして握ったときに右側を「表」、左側を「裏」と呼び、表だけにしか刃がありません。

和食の料理人の多くが使っている片刃はそれこそ、日本生まれの庖丁です。生魚や野菜を繊細に切り分け美しく盛ることができ、今や世界から賞賛される和食は片刃があったからこそ生まれ、発展を遂げたと言えます。一方、両刃は明治維新以降、日本人が肉を食べ始める肉食文化とともに海外から上陸しました。そこで片刃を「和庖丁(わぼうちょう)」、両刃を「洋庖丁(ようぼうちょう)」と呼んでいます。

天然砥石の発見が独自の庖丁文化を育んだ

日本での庖丁の歴史は古く、奈良時代に建立された正倉院には日本最古の庖丁が納められています。そこからさらに遡り、縄文時代の遺跡からは庖丁を研ぐための砥石らしきものが出土しています。火山の多い日本では良質な砥石となる堆積岩が今の京都辺りから多く採掘され、先人たちは暮らしの中でいつしか「研ぐ」ということを始めたようです。

実は、「砥石で刃物を研ぐ」ことは日本独特の文化で、天然の砥石を手に入れた日本人は日本刀、そして庖丁を発明したのです。ある意味、武士の時代、そして戦国時代は砥石が発見されなければ起こらなかったわけです。

和庖丁が大きく花開くのは江戸時代中期になってから。公家や武士たちが謳歌してきた料理が広く町民の間にも浸透し、形を変えていく中で多種多様な庖丁が誕生しました。太平の時代となって刀の需要が減り、それに代わるように庖丁が盛んに作られるようになったのです。

明治に入ってからは海外から入ってきた洋庖丁も国内で作られ始め、現在、全国に庖丁の産地があります。中でも大阪府堺市は、大仙陵古墳を作るために全国から鍛冶師が集められた歴史があり、1本1本を丁寧に作る職人の手仕事がいまだに残っています。

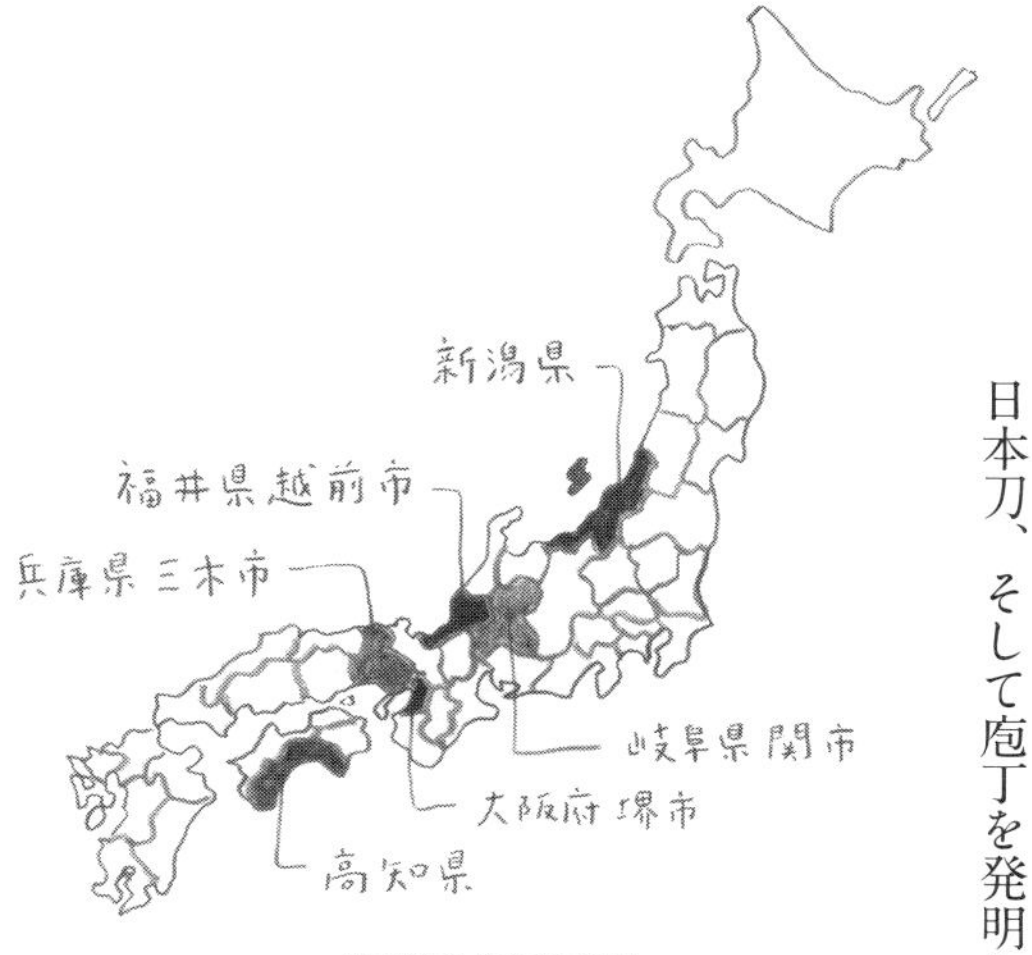

新潟県
福井県越前市
兵庫県三木市
岐阜県関市
大阪府堺市
高知県

代表的な庖丁の産地

「未来を切り拓く」、そんな願いを贈る

「庖丁は人との縁を切る」。そうしたマイナスなことを言う人もいますが、一方で、庖丁の切るという行為が「悪しきものを切り落とす」「未来を切り拓いていく」ととらえることもできます。

むしろ縁起がいいもの。そこで店では贈り物としてもおススメしています。

パートナーや親しい友人知人に、ありきたりではないものを贈りたいというときには、ちょうどいいギフトかもしれません。

相手の名前を彫って渡せば、さらに効果抜群。贈る側の思いに、少しばかりサプライズな感動を添えることができます。名前が入ることで愛着がわき、より一層大切にしようという思いも強くなるはずです。

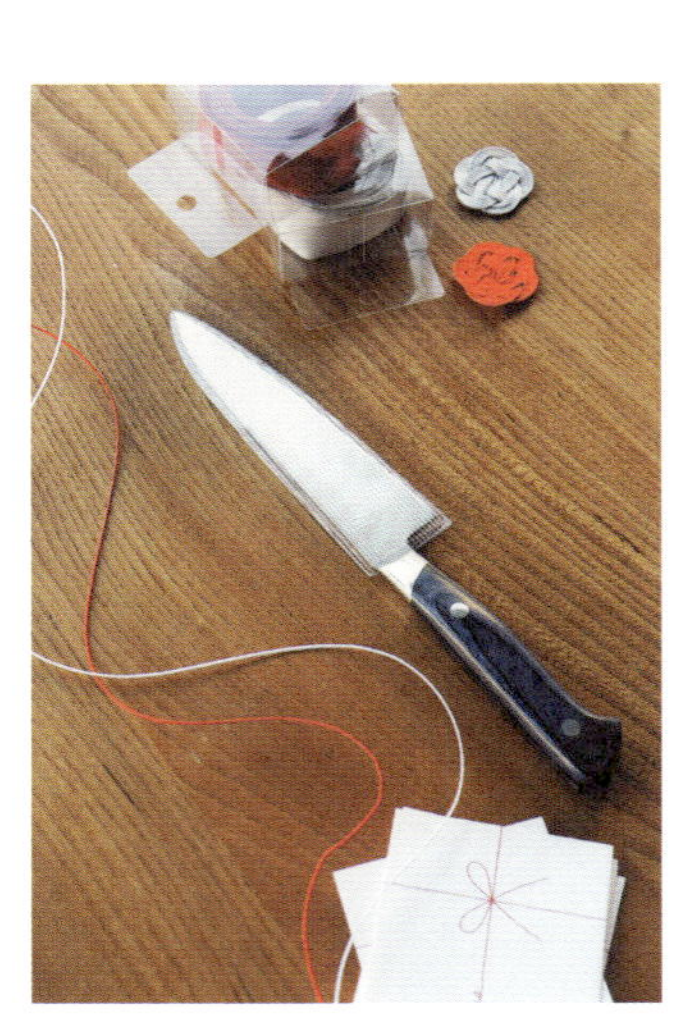

ペティナイフ［12.5㎝］

専門店では、手彫りで名前が入れられる。

出刃［15cm］

課せられたひとつの使命を頑固に貫く

和庖丁の理点(ことわりポイント)とは

食材の繊維をつぶさずに切れる

寿司店のカウンターに座っていると、よく板前さんが刺身を切っている姿が見えるかと思います。そのときに使っているのがたいていは柳刃(やなぎば)という和庖丁です。向こうが見えるぐらいに薄く切ったり、切った断面がテカテカと美味しそうな光沢を放っていたり、家庭で使っている庖丁ではとてもできない芸当をやってのけますが、それらは板さんの腕前がいいだけでなく、和庖丁を使っているからできることなのです。

和庖丁は刃がついている表側を下にして水平に動かし、引いて切る動作がスムーズにできるように考えられた庖丁です。こうすることで魚や野菜などの繊維をつぶすことなく切れ、断面がきれいに仕上がります。裏側は背が反っていて、切った食材との間に空気が入って庖丁にべったりつかずに離れやすい構造になっています。

断面がスパッと切れていると、刺身などは醤油をつけたときにのりがよく、同時に余分な醤油は落ちてくれる。口に入れたときの舌触りもよく、魚の味を十二分に堪能できるわけです。きれいに切れていないと、必要以上に醤油はのってしまうし、刺身自体の鮮度も早く劣化する。なので、刺身を切る際は刃を往復させて断面を傷めないように「ひと引きで切る」のが基本。同じ魚でも切る人によって味が違うゆえんです。和庖丁は、魚をとことん美味し

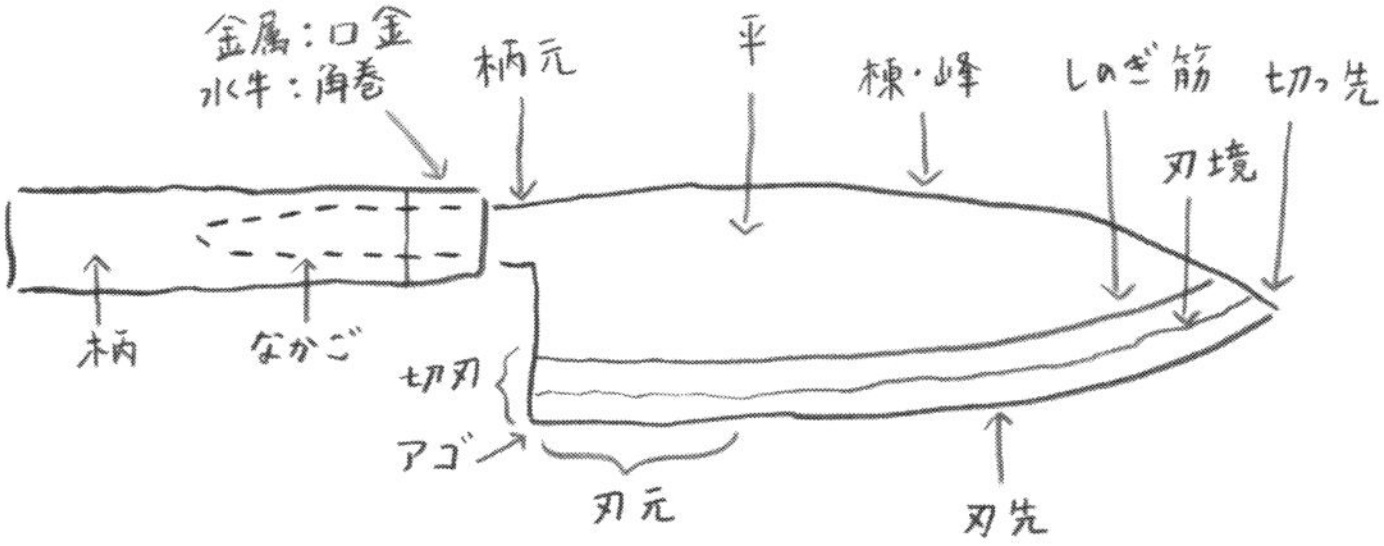

く食べてやろうと工夫を重ねた日本人の食に対する貪欲さと知恵の結晶でもあるのです。

東と西でデザインが異なる

もうひとつの特徴は、ある一定の用途や目的のために徹底していることです。たとえば、魚をおろすには骨を叩き切る厚みを備えた出刃を使い、おろした身を刺身にするには、薄く切れる刺身庖丁を用います。大根の桂剥きをする場合は薄刃、針しょうがや千切り大根のケンを切るときにはケンムキという庖丁があります。よくテレビの料理番組で料理人が手早く桂剥きをしているシーンを見かけますが、あれは片刃だからできることで、両刃ではああもきれいに桂剥きはできません。

魚の種類ごとにも専用の庖丁があり、フグにはフグ引、鱧に鱧切、鮭に鮭切という具合。鮪に至っては日本刀のように長い鮪庖丁というのがあります。

また、同じ用途でありながら、関東と関西で形が違うこともあり、刺身庖丁の柳刃は元々関西出身。関西は白身魚をよく食べるので、刺身を薄く切るために庖丁の先が尖っている。関東型は蛸引と呼び、先端が尖っていない。関東は赤身文化なので薄く切らなくてもよかったとか、江戸っ子は喧嘩っ早いので危ないからなどその由来には諸説があります。最近では先が尖ったほうが細工がしやすいと、柳刃が主流のようです。

1　鎌型薄刃（かまがたうすば）[21cm]
2　東型薄刃（あずまがたうすば）[21cm]
3　ケンムキ [18cm]
4　出刃（でば）[12cm]
5　出刃 [18cm]
6　柳刃（やなぎば）[30cm]
7　蛸引（たこびき）[30cm]
8　江戸裂（えどさき）[21cm]
9　鱧切（はもきり）[30cm]
10　先丸蛸引（さきまるたこびき）[30cm]
11　剣型柳刃（けんがたやなぎば）[30cm]
12　水本焼黒檀柄柳刃
（みずほんやきこくたんえやなぎば）[30cm]
13　フグ引（ふぐひき）[30cm]
14　鮭切（さけきり）[27cm]

14
13
12
11
10
9
8

洋包丁の理点(ことわりポイント)とは

なんでもこなす万能選手をそろえる

断面をわざとギザギザにする

「水平に引く」和包丁に対して、洋包丁は上から下へ動かす垂直の動きで食材を切っていきます。押すときに力を入れるので、和包丁が繊細な「静」であれば、洋包丁は大胆な「動」といった感じです。肉などの食材の繊維を断ち切って、切り分ける道具です。当然、断面はギザギザとなりますが、ソースを絡める料理が多い洋食ではこちらのほうがよく絡んで好都合なのです。

代表選手は牛刀(ぎゅうとう)で、先が尖っているので肉や魚を上手にさばけます。両刃なので洋包丁のカテゴリーで分類していますが、菜切(なきり)という、日本で古くから使われている野菜用の包丁もあります。

牛刀と菜切の中間というか、双方の機能を兼ね備えたのが三徳包丁(さんとくぼうちょう)です。肉、魚、野菜を1本で処理できることから「三徳」。昭和のころには文化包丁(ぶんかぼうちょう)とも呼ばれ、みなさんの家でよく使っている包丁がこれに当たります。牛刀に比べると幅もあるので切る際に安心感があり、先端も尖っていることで細かな切り分けもできる。牛刀も万能包丁と呼びますが、それ以上に誰でも使いこなせる1本です。

こうしたオールラウンダーがいる一方で、洋包丁にもスペシャリストはいて、ペティナイ

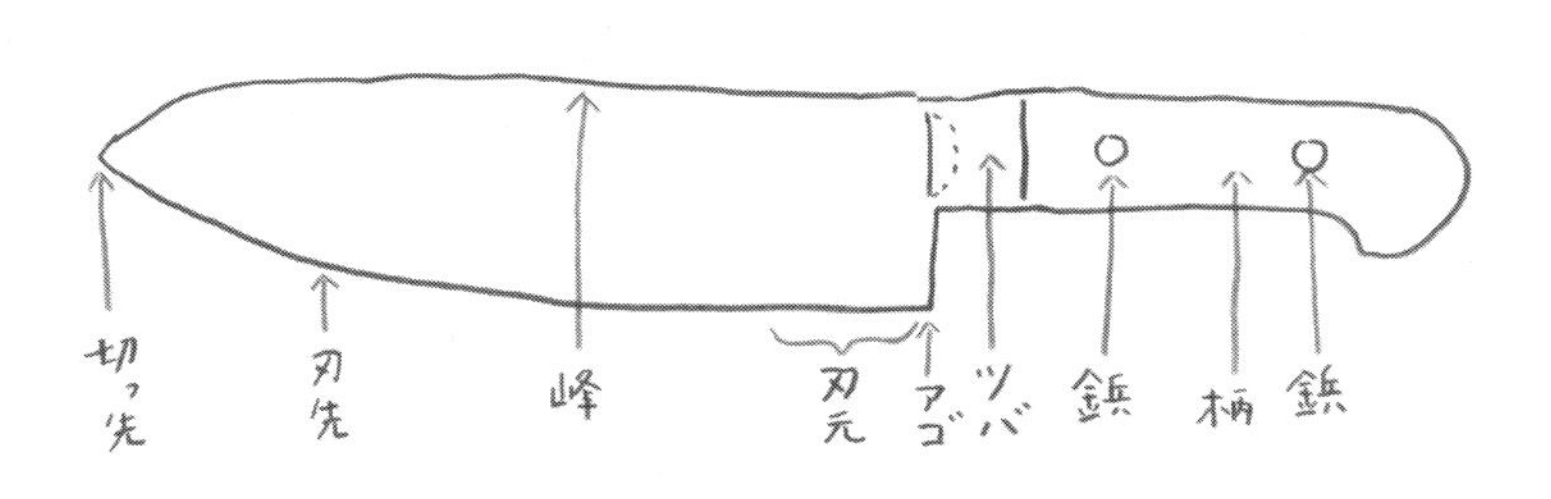

フは果物の皮剥きなどに長けています。筋引は肉と筋をはがし、骨スキは肉を骨から切り離すときに使います。カニやエビといった甲殻類を切るための両刃の洋出刃というのもあります。ただし、頑なに専門性を追求する和庖丁に比べると、洋庖丁はどんな食材にもそれなりに対応できる器用さを持ち合わせています。

使い手もクロスオーバーになってきた

洋庖丁の中には、刃の表面にダマスカス模様といって木の年輪のような模様を施しているタイプがあります。これは機能というよりデザインですが、海外の旅行客の間では日本刀を感じさせるためか高い人気があります。

庖丁にはこのほか、中華料理のほとんどのメニューを1本でこなしてしまう、なたのような中華庖丁や、そば・うどんを切る麺切、寿司の太巻きを切るための寿司切、それにかまぼこなどの練り物を成形する刃がついていない付庖丁と、特殊な仲間がたくさんいます。

ちなみに、大きく和と洋のグループに分かれていますが、プロの世界では和庖丁を使うのが和食の料理人だけというわけでもなく、最近ではフレンチで柳刃を使っている人気シェフがいますし、和食も多くの客をさばかなければならない店は牛刀を常用するところもあります。庖丁の世界も和洋の垣根がなくなりつつあります。

1 ペティナイフ[12cm]
2 ペティナイフ[15cm]
3 牛刀(ぎゅうとう)[21cm]
4 三徳庖丁(さんとくぼうちょう)
5 ダマスカス牛刀[21cm]
6 菜切(なきり)
7 骨スキ
8 筋引(すじびき)[24cm]

8
7
6
5

庖丁の作られ方

職人が技をつないで最高の切れ味を究める

ハガネとステンレスの刃

庖丁の刃の部分はハガネか、ステンレスでできています。堅くて切れ味が長く持続するものから、ねばりがあって切れなくなったときでも研ぎやすいものまで種類は多岐にわたり、庖丁の用途やランクによって使い分けられています。

以前はハガネのほうがよく切れ、ステンレスはサビないけど切れ味が良くないと言われていましたが、ステンレス素材の開発がずいぶんと進み、かなり切れるものも登場。切れ味自体はあまり差がなくなってきました。それでも、切れ味の持続性や研ぎやすさではハガネのほうに依然分があるので、プロの料理人が多く使う和庖丁ではまだまだハガネが主流です。洋庖丁は逆に、ステンレスがメインになっています。

また、金属部分をハガネかステンレスにするときもあれば、ほかの金属と合わせる場合もあります。和庖丁ではハガネ（あるいはステンレス）だけで作った庖丁を本焼き(ほんや)庖丁と呼び、よく切れ、切れ味も長くキープすることから「上物中の上物」と位置づけられています。ただし、堅いゆえに落とすと割れるなどのもろさもあり、強度を持たせるために軟鉄の地金とハガネ（あるいはステンレス）を貼り合わせた、合わせ庖丁（霞とも呼ぶ）が一般的です。
柄の素材には、和庖丁では軽くて割れにくく、濡れた手で持っても滑りにくい朴の木を使っています。柄尻が栗の形をしているのも握りやすさを考えてのこと。そのほか紫檀や黒檀もあります。洋庖丁では樹脂と木を合わせ、鋲止めしているケースが多いようです。

切れる庖丁は経験値と感覚から生まれる

洋庖丁に関しては機械による量産が大半で、和庖丁でもそうした量産品が多く出回っていますが、庖丁の産地としては群を抜いて長い歴史を誇る大阪府堺市では、依然として職人が1本1本を手作業で上物の庖丁を仕上げる、昔ながらの庖丁作りが残っています。

まず鍛冶職人が地金とハガネを合わせて、炉の中で約800度に熱して庖丁の形に叩いていきます。庖丁にしなりや欠けにくいねばりを加える焼き入れという作業では、炭で焼いて真っ赤になった鉄棒を素早く水に入れて急冷させます。熱を入れ過ぎると切れ味が悪くなるし、足りないとねばりが出ない。コンマ数秒の差を経験値と感覚で探していきます。形ができあがると今度は刃付け職人が回転砥石で丁寧に刃を研ぎ出し、最後に柄付け職人が刃が真っ直ぐになるように取りつけます。

まさに、熟練した職人の分業によって、上質な庖丁が生まれているのです。

撮影：谷本裕志

撮影：マリナ・メニニ

和庖丁を作る鍛冶職人と刃付け職人の仕事。

1
4
3
2

1 鮪庖丁（まぐろぼうちょう）[51cm]
2 麺切（めんきり）[30cm]
3 中華庖丁（ちゅうかぼうちょう）
4 寿司切（すしきり）
5 付庖丁（つけぼうちょう）
6 パン切（ぱんきり）
7 名古屋裂（なごやさき）
8 大阪裂（おおさかさき）
9 京裂（きょうさき）

庖丁の選び方

庖丁をよく知るプロに相談してみる

ここまで説明してきたように、庖丁は奥深く、結構複雑です。自分ひとりで調べて選ぼうとはせずに、庖丁のことを熟知する専門店の人などに尋ねるのがいい庖丁を選ぶ早道です。

CHECK 1

店頭で研ぎ直しをしている店を選ぶ

では、どういった店に行くべきか。わかりやすいのは、店頭や店内で庖丁の研ぎ直し作業をしている店です。そうした店のスタッフはたいていが庖丁の商品知識をしっかり持っています。そして、自身で研ぐことができるのでメンテナンス方法をよく知っています。

どんな庖丁も最初はよく切れますが、使っていると切れなくなります。切れ味が長くキープする庖丁は刃が堅いので研ぎにくい傾向にあり、逆に、ねばりがある庖丁は切れ味自体は長続きしないけれど研ぎやすい傾向がある。どちらが自分に向いているか、こうした店ならその辺りをアドバイスしてくれるでしょう。なにより、その店で買ったものならば、間違いなく研ぎ直しをしてくれるので「心強い」です。

CHECK 2

高い庖丁、サビない庖丁は用心する

庖丁の場合、高いからいい庖丁というわけではありません。柄に高額な素材を使っていたり、刃に特別なデザインを施していたりと、切る機能とは関係ないところで付加価値を持たせたものも多いので、高い理由を専門店に確かめてみてください。特に、和庖丁の場合、名入れをしたものを見かけますが、1本の和庖丁は複数の職人が作っているので本来できあがり時点では特定の名前は入らない「無印」の状態です。問屋や販売店が独自に名前を入れて特定の価格にしているケースもあるので、ここも注意すべきところです。

また、サビない庖丁は一見扱いやすいと思ってしまいますが、安価で硬い金属を使っている場合が多いので、切れ味はよくないし、切れなくなっても研ぐのが困難で元に戻りにくい。結局使い捨てという運命となり、道具との健全な関係とは言えません。サビることを恐れるのではなく、「サビない注意」をすればいいだけのことなのです。

CHECK 3

実際に握ってみる

柄の大きさや太さ、重さ、それに刃とのバランスは握ってみないとわかりません。手の平の大きさや握力も個人差がありますので、万人にとってベストな庖丁というものはありません。あくまでも自分の手になじみ、自分にとってベストなものを選べばいいのです。その意味ではネット通販などでは買うべきではなく、リアルな店に行き「対面」で買うべきでしょう。

CHECK 4

家での料理事情を振り返る

家族構成はどんな具合なのか、家でどのくらいの頻度で料理をするのか、そうした料理事情も選ぶ際の大切なポイントです。野菜料理を作るのが多いなら、刃が薄いタイプが操作しやすいし、肉料理が中心ならば骨や筋までさばけるほうが使い勝手がいい。こうした事情を店のスタッフに話して、アドバイスをもらうことが「間違わない」庖丁選びとなります。

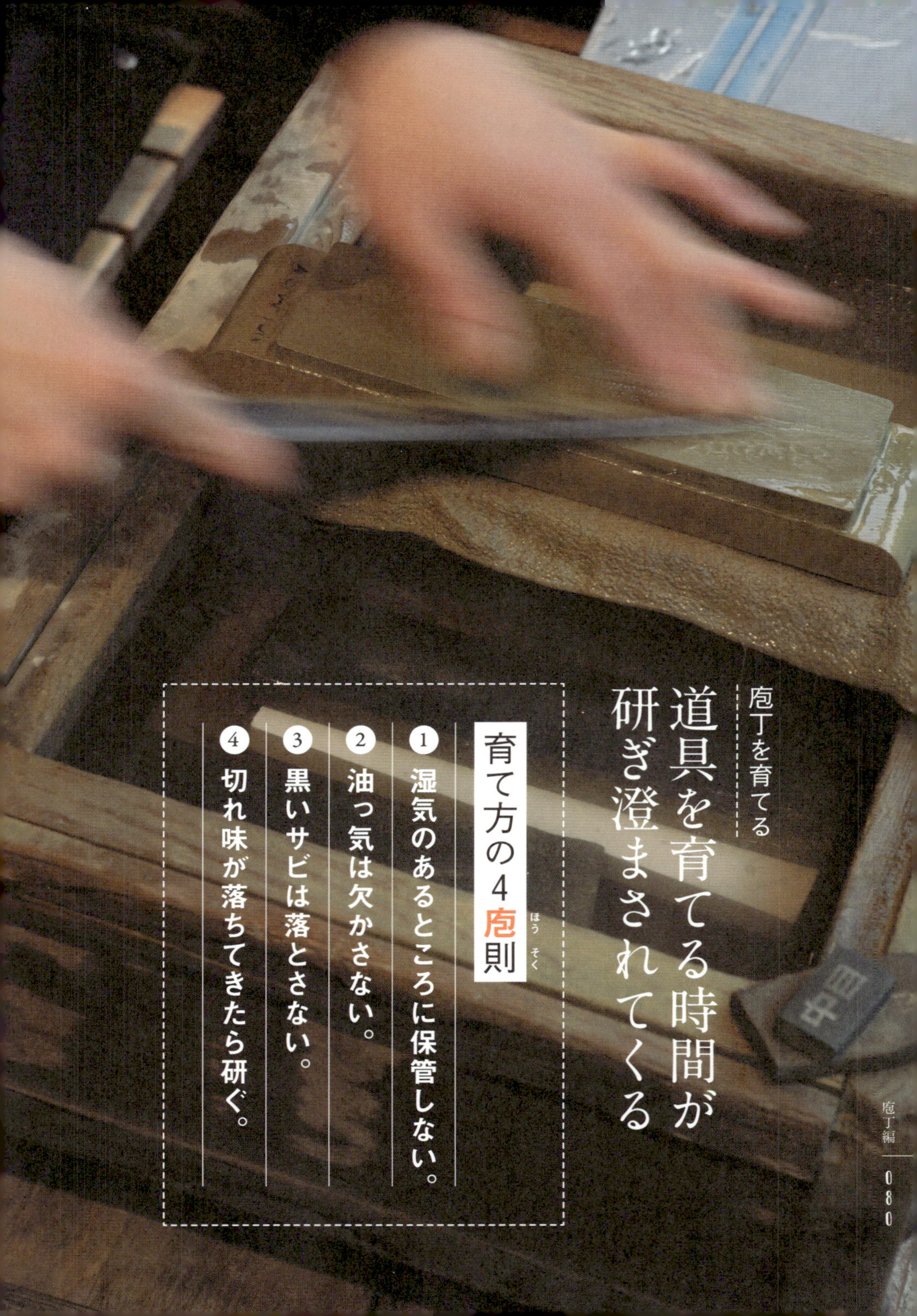

包丁を育てる

道具を育てる時間が研ぎ澄まされてくる

育て方の4庖則

1. 湿気のあるところに保管しない。
2. 油っ気は欠かさない。
3. 黒いサビは落とさない。
4. 切れ味が落ちてきたら研ぐ。

●普段の手入れ

ステンレスに比べてハガネはサビやすいので、まめな手入れが必要です。食材に含まれる塩分や酸がサビの原因となるので、料理中もこまめに洗い、使い終わったらすぐに食器を洗っている洗剤できれいに洗うようにしてください。洗い流すときに熱湯を掛けると、熱で水分が蒸発して早く乾き、熱湯消毒にもなるので効果的です。

食器洗浄機では洗浄液の化学反応でサビが通常より発生しやすくなり、また水流により周りの食器や洗浄機内のカゴなどに刃先が接触して刃が欠ける可能性もあるので、必ず手で洗うようにしてください。

洗い終わったらすぐに乾いた布で水分を拭き取り、乾燥させること。水気が残っているとサビます。ただし、くれぐれも火であぶったりしないように。乾燥機を使うことも厳禁です。切れ味に致命的な打撃を与えることになります。また、漂白剤も刃にダメージを与えます。

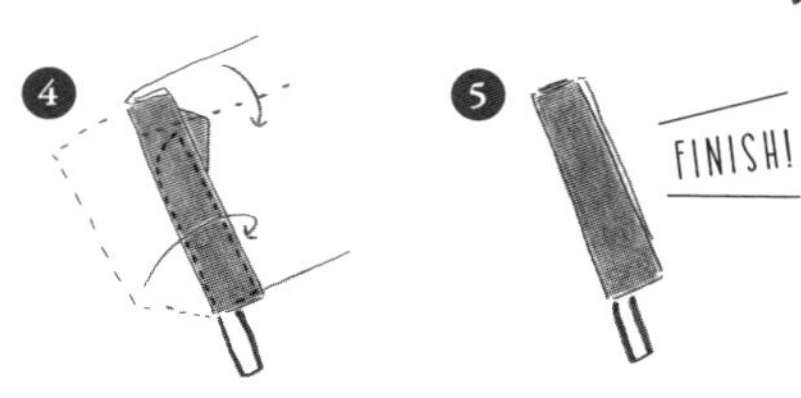

新聞紙でさやを作る

新聞紙の角を折り（❶）、庖丁の柄元を合わせる（❷）。刃元に紙を引っ掛けて（❸）、ぐるっと巻いていく（❹）。最後にテープで留める（❺）。

●保管方法

シンクの下は湿気があるので保管場所としては不適切です。庖丁は違う金属と接触すると化学反応でサビてしまうこともあるので食器カゴなどもいいとは言えません。買ったばかりや研いだ直後はサビやすいので、早めに引き出しなどに入れておくのが安心でしょう。

そうした場合におススメなのが新聞紙のさや。新聞紙のインクがサビ止めとなり、虫よけにもなります。簡単に作ることができ、庖丁を持ち運ぶときにも便利です。料理店などではマンガ週刊誌や電話帳をガムテープで巻いて、そこにさしておく光景をよく目にします。長期間使わないときは食用油を表面に薄く塗って、新聞紙などに包んでおきましょう。

サビ取りにはワインなどのコルクやサビ消しゴムが役に立つ。

●メンテナンス

長く使っていると刃の表面に黒い酸化皮膜ができます。これはサビの防止になりますので問題ありません。落とさずにそのまま使って構いません。問題なのが赤茶色のサビ。食材に金気が移ることもあるし、小さいサビを放置しておくと庖丁の内部に浸透し、深いサビに発展する場合もあるので早めに落とすことが肝心です。その際には、ワインのコルクにクレンザーをつけてこするとサビが落とせます。市販のサビ消しゴムを使うという手もあります。

●定期的に研ぐ

どんな庖丁も買ったばかりはよく切れます。ところが、どんな庖丁も使っているうちに切れ味が悪くなってくる。トマトを切ったら皮がつぶれてしまった、鶏肉の皮が切りにくい、ねぎがつながる、玉ねぎをみじん切りにしたら涙が出る。こんなときは黄色信号です。

切れ味が悪くなった庖丁をそのまま使っていると、食材の断面をずたずたにしてしまい、せっかくの料理も美味しくなくなるし、香りも飛んでしまいます。庖丁で指を切ってしまったときも、よく切れる庖丁ならキズ口はすぐに治るところを、切れ味が悪いばかりに痛手も大きくしてしまう。

ちょっと切れなくなったと思ったらすぐに研ぐ。そうすれば研ぐ時間も少なくて済みます。よく料理をする人なら、1カ月に1回研ぐのが理想でしょう。

洋庖丁なら簡易研ぎ器などもありますが、やっぱり道具と長くつき合い、育てていくのなら、砥石を使って研ぐことにトライするべきです。砥石には3種類あって、刃が欠けたときは荒砥石、切れる刃を作るには中砥石、仕上げとサビ防止には仕上砥石です。修正砥石で砥石の表面を平らに削ってから順番に研いでいきます。

最初は億劫と思うかもしれません。が、庖丁と真摯に向き合える時間となり、そのうち庖丁を研ぐ自分がどこかカッコ良く思えてきたりします。

1 仕上砥石（しあげといし）
2 中砥石（なかといし）
3 荒砥石（あらといし）
4 修正砥石（しゅうせいといし）

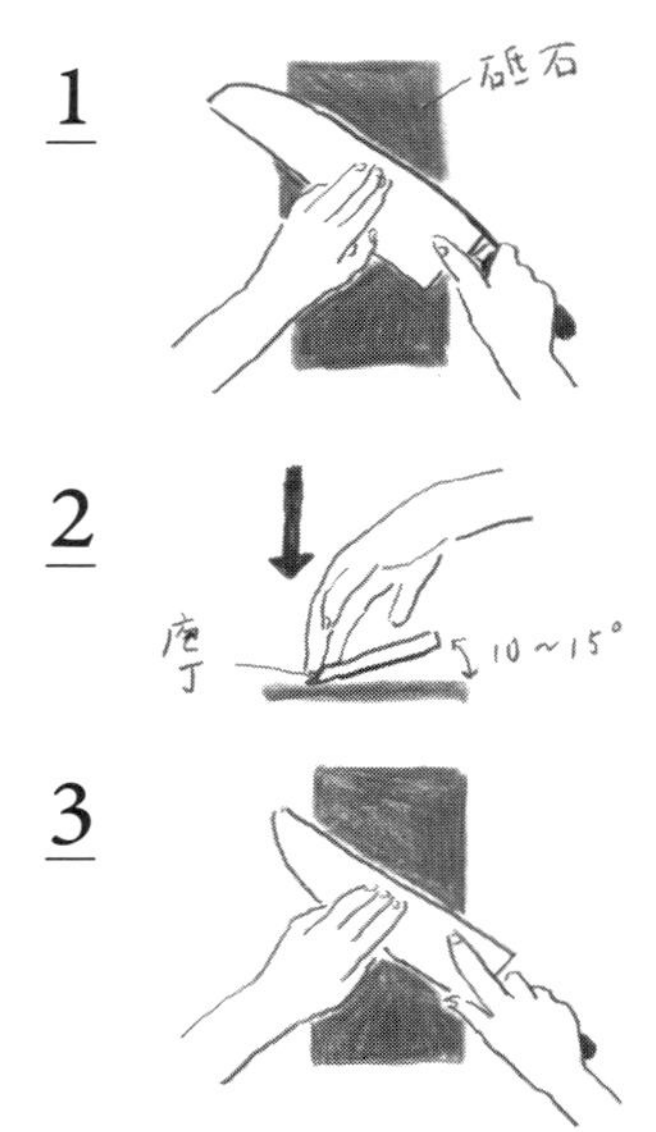

洋庖丁の研ぎ方

1 刃が手前側に向くように利き手で柄の付け根を握り、親指を刃先の近くに当てる。もう一方の手で刃先を軽く押さえる。
2 刃は砥石に対して10～15度の角度に立てながら、前後に素早く動かす。
3 裏返して、利き手の人差指で刃先を押さえて同様に研ぐ。

「良い庖丁と出会えたことで、料理スタイルが変わってきました」

日本料理「魚のほね」(東京・恵比寿)店主の 櫻庭基成郎さん

東京・恵比寿にある「魚のほね」は国内外の著名人がお忍びで通う、知る人ぞ知る名店。予約がなかなか取れない店としても有名です。店名から和食の店かと思いきや、洋食のハンバーグも出てくるし、櫻庭さんは旬の食材を奇想天外に食べさせてくれます。

――料理の基本は魚介類で、メニューではそのときの旬を生で出すことが多いですが、とにかく面白く食べてもらうというのを大切にしています。

刺身はたいていこちらで考えたソースを添えた状態で出します。たとえば鮪の赤身を、柳刃を使ってつるんとした断面で切り、そこにとろんとしたソースを絡める。断面がシャープに切れていれば、味の濃いソースでも不必要に味が入っていきません。わざと荒く切って薄めのソースのときもあるし、合わせる調味料も和だけでなく洋もあるし、ものによっては中華にもします。

大きい肉の塊が手に入ったときは柳刃でさばいたりもします。切り口は艶々(つやつや)として立って、肉でも舌触りがよくなってきます。こうしたスタイルは切れる庖丁と巡り合い、食材の味を引き出す切り方ができるようになってからです。良い道具は料理の創造力を刺激し、アイデアの幅を広げてくれます。

レストランやワインサービスの仕事に携わり、東京・目黒で開業。その後恵比寿に店を移転して現在に至る。料理は独学で試行錯誤を繰り返しながら、既成にとらわれない新感覚の日本料理を追求する。ワインの知識は“変態級”。海外からも足繁く通う常連がいる。

櫻庭さんの手元には常時15本の庖丁があり、柳刃は4本あるものを順番に使っています。6年間使っている柳刃は研ぎ込んだ末、もとの半分の幅に“育って”います。

店でよく
質問されることを
集めてみました

Q&A
［庖丁編］

Q
春からひとり暮らし。実家ではほとんど料理をしたことがないんだけど？

A
それなら肉から魚、野菜となんでも切れる万能な三徳庖丁をとりあえず持っておきたいところ。特に、切れなくなったときも研ぎやすい鋼材が1枚でできているものがおススメです。

Q
男のひとり暮らしだけど、最近、料理にハマっている。なにを持っていると便利？

A
おそらくすでに三徳庖丁は持っているでしょうから、プロの料理人が使うことが多い牛刀はいかがでしょう？　サイズは18〜21cmが使いやすい。それに、果物の皮をむいたり、薬味を切ったりするのに役に立つペティナイフの12cm。この2本を使い分ければ、〝こなれてる〟感が出せます。

Q
夫婦2人で平日は家で食べるのは朝食ぐらい。でもときどき友人を呼んでパーティをしたいんだけど？

A
ペティナイフの15cmでしたら、ある程度の食材は料理できるし、パーティのときにテーブルの上で切るものがあるときも小回りが利いて便利です。

Q
子ども3人の5人家族。毎日弁当を用意しているし、夕食もほとんど作っている。こんなわが家に必要なのは？

A
比較的切れ味が長持ちする3枚の鋼材で作った「割り込み」タイプがよさそう。基本の三徳・牛刀・ペティをそろえて、野菜には三徳、肉には牛刀、小さな食材にはペティと3本を使い回してあげると、それぞれの切れ味が長持ちするでしょう。

Q
釣りが好きで、家で釣った魚をさばきたい。なにが必要？

A
まず出刃で魚をおろして、柳刃で刺身を引く（切る）。ピンと角が立って口当たりも滑らかな刺身ができあがります。サイズは出刃15cm程度、柳刃24cm程度があるとよいでしょう。慣れてきたら小出刃［9〜12cm程度］も加えると、小魚をさばくのに都合がいいです。

Q
子ども（未就学児）に庖丁の使い方を教えて一緒に料理をしたいんだけど？

A
切っ先やアゴが丸く削られている、刃渡り15cmほどの子ども庖丁があります。これなら安心でしょう。

Q **野菜をきれいに切りたい。最適な庖丁は?**

A その場合は菜切がいいでしょう。刃が水平で幅が広いので、白菜やキャベツのような大きめの野菜を切ったり、皮剥きがしやすくなっています。

Q **家でパンを焼いたり、ケーキやお菓子を作る。なにをそろえるべき?**

A パン切はぜひ持っておきたい。タルトやパイにも使えます。ケーキにはパン切の波刃は不向きなので、そういうときはスポンジをきれいに切れるプロ仕様のカステラ庖丁というのがあります。でも、ペティや牛刀、三徳を熱湯で温めれば、ケーキを崩さずにきれいに切れます。

Q **肉のブロックを買ってスライスしたい!おススメは?**

A その場合は牛刀でも十分ですが、あまり一般家庭にはない筋引[21cm]をあえて持ってみるというのはいかがでしょう。牛刀を細身にした形状で、薄切り肉や刺身、ハムなどをスライスするときに使いますが、ブロック肉の筋や脂身を取り除くのにも役立ちます。「サーモン加工」と呼ばれるくぼみがついているタイプなら、切った食材もくっつきにくいです。

Q **庖丁を研ぐことも楽しんでみたいんだけど?**

A 鋼材がハガネでできているものか、ステンレスなら1枚鋼材の庖丁が比較的研ぎやすいでしょう。

Q **庖丁がよく切れなくなる。なにが原因なの?**

A まな板はなにを使っているのか、確かめてください。プラスチックなどは硬いので切れ味が悪くなるのが比較的早いです。本来は木が最適なのですが、切った跡に雑菌がたまりやすいので、使い終わったら熱湯などをかけると消毒になります。あと普段堅い食材を切ることが多いと、持ちも悪くなりますが、1カ月に1回、研いであげると常に切れる状態が保てます。

Q **砥石は3種類そろえておかないとダメなの?**

A 切れる刃を作る中砥石がまずあれば十分でしょう。和庖丁を持っている場合は仕上砥石も使うと、刃持ちがよくなり、食材の切り口をより美しく仕上げられます。刃が欠けたときはプロに頼んで研いでもらうのがいいでしょう。

Q **旅先で庖丁を買った場合機内には持ち込めるの?**

A 刃物なので持ち込めません。受託手荷物に入れて、搭乗前にカウンターに預けるようにしましょう。

STORY OF
GOOD COOKING TOOLS
良理道具のいい話
2

パリで日本の料理道具が大人気！

釜浅は2013年にパリで開かれたデザインイベント「デザインウィーク」に初めて参加し、翌年にはパリ・サンジェルマンデプレのギャラリーで日本の庖丁を紹介する単独エキシビションを行いました。庖丁の展示と販売だけでなく、釜浅らしく「その物の作られ方と背景」を伝えるセミナーも開催しました。

すでにパリには釜浅の庖丁を使っていただいているお客様も多いのですが、その人たちだけでなく、予想をはるかに上回る人が足を運んでくれました。これは海外で活躍する日本人の料理人が増えたことの影響が大きいと思います。彼らの料理は、それ自体はシンプルながら繊細で美に富む。これを可能にしているのが庖丁など日本の料理道具であると認識されてきた証拠だと思います。

そして、釜浅の炭焼台を使っていただいている炭火焼きのスペシャリスト、「銀座奥田」の奥田透さんが13年にパリに店を出してからは、新たに炭火焼きが話題を集めています。オープンキッチンで目の前で最適な火入れをする様子はパリにはなかったスタイルだけに、今後は評価が高まると思っています。

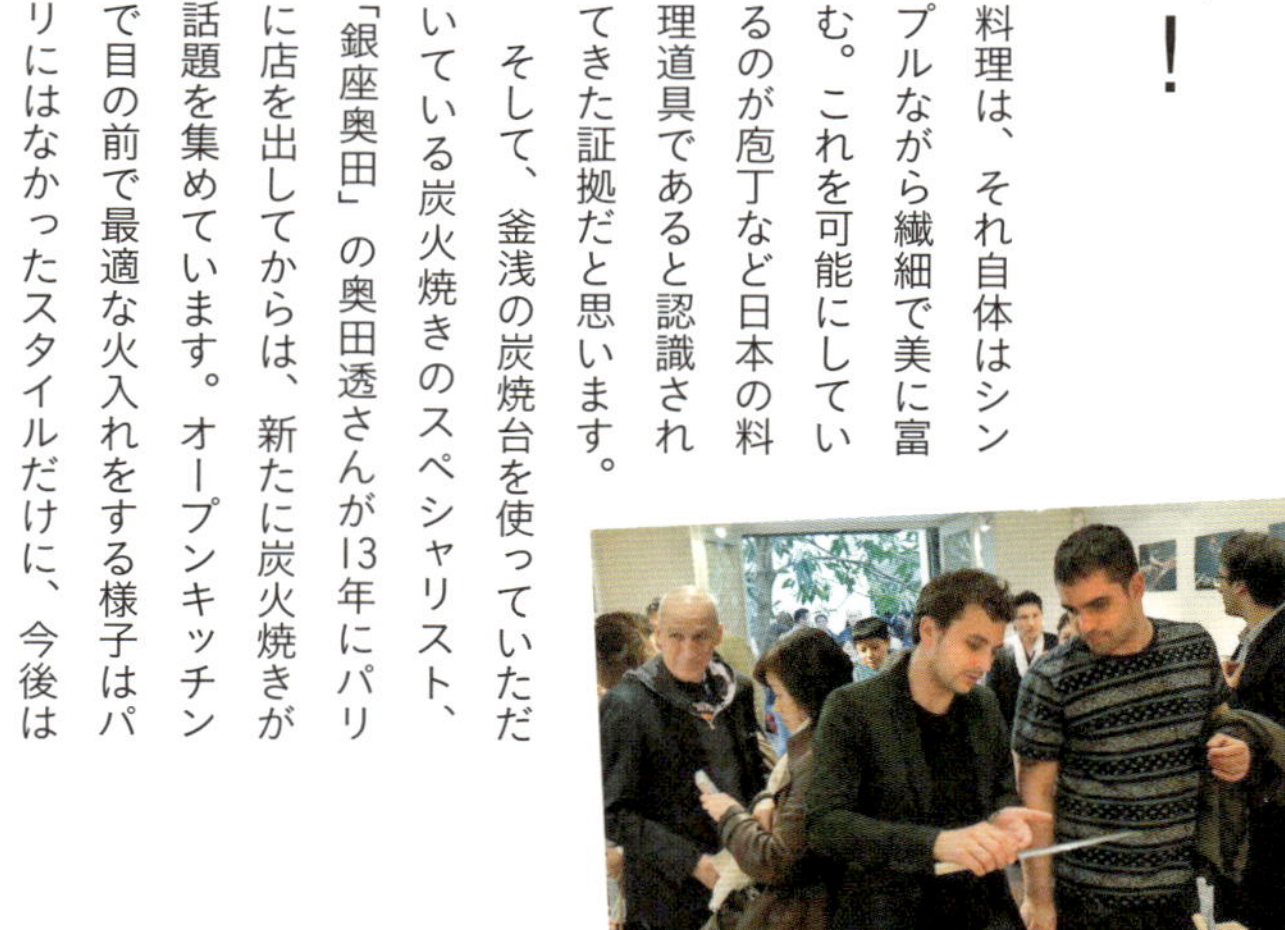
撮影：Eric Giraudet de Boudemange

フライパン編

【ふらいぱんへん】

フライパンの理点と選び方

一長一短があることを知っておく

素材と加工で働きが違ってくる

フライパンの場合は、とにかく素材や加工によって向き不向きの料理があったりするので、各々の特性を知ってから購入するべきです。

アルミ／軽くて扱いやすいですが、熱の伝わりがいいので火が当たる部分は焦げやすいし、食材もくっつきやすい。向いているのはパスタ料理。ソースを手早く絡めるときなどに最適。

ステンレス／塩分に強くサビにくく汚れにくい。ＩＨ対応であれば問題なく使えます。ただ、熱伝導が悪く全体に広がるのに時間がかかり、熱むらができやすい。買うなら、ステンレスの間に熱伝導のいいアルミをはさんだ3～5層タイプがいいでしょう。

フッ素加工／アルミかステンレスの表面をフッ素樹脂膜で覆ったもので、こびりつかないので油が少なくて済み、サビにくい。誰でも手軽に使えます。反面、熱に弱く強火の料理に向いていません。中火以下の火加減を守る必要があります。金属製のトングなどでキズがつくと加工もはがれ、食材などがくっつきやすくなり、定期的な買い替えが必要になります。

セラミック加工／セラミック粒子を表面にコーティング。フッ素よりも耐熱温度が高く、熱伝導もいいが、高温で加熱すると表面加工がはがれることもあります。

鉄／熱源を選ばず強火の料理もできますし、空焼きにも強い。蓄熱性も高いので、肉などはじっくり焼けるし、炒め物は強火で水分を飛ばせるためパリッと仕上がります。ただし、重たいしサビやすい。最初はくっつきやすいので油になじませる馴らしが必要です。

フライパンとどんなつき合いをしていきますか？

CHECK 1

持ちや使い勝手は価格に比例する

庖丁では価格が高いものに用心すべきと話しましたが、フライパンに関しては高いほうがいいケースが多いです。フッ素加工であれば3～5層と加工を多く施したほうが耐久性もよくなり、ステンレスも5層構造となるとしっかりＩＨにも対応しながら熱伝導率も高くなる。その分、価格も高くなります。逆に安いものを買うと、買い替えサイクルが早くなります。

CHECK 2

迷ったら大きいサイズ

サイズは直径18cmから28cmぐらいまであります。18～22cmは1人分、28cmになると3～5人分の炒め物が可能ですが、たとえ食材が少なくても大きいフライパンで炒めるとパリッと仕上がります。サイズでお悩みのときは大きめを選んだほうがいいでしょう。

CHECK 3

使いやすいが短命か、手間はかかるが一生か

使いやすさを選ぶならフッ素やセラミック加工がいいですが、どちらも買い替えが必要となります。対して、鉄は手間がかかりますが、育てられ、永く使うことができます。道具といいつき合いをしたいなら、迷わず後者でしょう。

2
3
4
1

1 ステンレスフライパン［24cm］
2 アルミフライパン［24cm］
3 フッ素加工フライパン［24cm］
4 鉄打出し両手フライパン［22cm］
5 鉄打出しフライパン［22cm］
6 鉄打出しフライパン［18cm］
7 セラミック加工フライパン［24cm］

鉄打出しフライパンの理点と作られ方

凸凹とした顔は次第に表情を変えていく

ハンマーの打出しは3000回に及ぶ

鉄フライパンには、金型でプレスしていくものと、鉄板をハンマーで打っていく製法があります。プレスは量産に向いていますが、形状やサイズ、厚みは型にあるものしかできません。その点、打出しは時間がかかりますが、型を必要としないので形状は自由だし、板を延ばしていくのでプレスよりも軽い。その上、数々の優れた特性を持ち合わせています。

せっかく長くつき合っていくなら、やはり満足のいく究極の道具を手にしたいと考えた僕らは、日本で唯一、打出し製法で中華鍋を作る山田工業所（横浜市）とともに独自の改良を加えた「鉄打出しフライパン」を共同開発しました。みなさんに紹介したいと思います。

このフライパンの最大の特徴は底面です。よく見ると表面が凸凹と波を打っています。ハンマーで3000回も打出したことがわかります。こうすることで鉄の組織がつながり、引き締まって丈夫になります。また、鉄は、最初は食材がくっついたり、焦げやすいですが、この凸凹に油がなじんでそうしたトラブルを起きにくくさせるのです。使い込んでいくうちに、黒光りがし艶も出て、カッコ良く見えてくるから不思議です。

通常のフライパンは1・6㎜ぐらいの厚さが一般的ですが、あえて2・3㎜という厚手の鉄板を採用しました。これにより蓄熱性や保温性は抜群に高まり、食材を不必要に焦がすことなくじっくりと熱が入れられるようになりました。

シャッ、ジュッと食欲をそそる音が躍動する

鉄の魅力は強火で料理ができること。フッ素加工は耐熱温度が260度と言われていますが、鉄は1000度まで大丈夫です。空焼きも問題なく、アツアツに熱したフライパンに食材を入れたときは物凄く威勢のいい音がします。これが、これから料理をしようとするテンションをさらに押し上げ、また一層食欲も誘ってくれるのです。強火を継続できるので、炒め物などは水気を飛ばせ、洋食店や中華料理店のようにシャキッと仕上げることができます。

かなり無骨であるので細かな点にも配慮。確かに、アルミなどに比べると重たいので、長く平べったい取っ手をつけて、女性でも持ちやすいように工夫しました。取りつけ位置も低くすることで、蓋が取っ手にぶつからず、蒸し焼きなどもできます。

加えて、フライパンでは当たり前のビス留めをなくしました。すべてのパーツを溶接で取りつけたことで内側に余分な突起がなくなり、汚れがたまることもなく手入れもしやすくなっています。

フライパンはひょっとすると毎日使う道具かもしれません。この鉄打出しフライパンはまさに育つ道具で、使うたびに違う表情を見せます。いつの間にか、今日はどんな表情に変わっているのかが気になるようになるのです。

真っ平らな鉄板をハンマーで打出して、フライパンの形にしていく。でき具合は山田工業所の職人が目で見ながら判断していきます。

鉄打出しフライパンを育てる

お約束を守っていけば、自分だけのフライパンを手に入れられる

育て方の4フライパン則

1. しっかりと馴らしをする。
2. 料理の前は必ず狼煙（のろし）を上げる。
3. 熱いうちにたわしで洗う。
4. 料理後は空焼きで水気を飛ばす。

●最初にやるべき約束事

南部鉄器に家へ迎え入れるための「儀式」があったように、鉄打出しフライパンにもいくつかのルーティンワークがあります。

釜浅では、業務用の鉄フライパンのようにサビ止めのニスは塗っていないので、空焼きをしてニスを飛ばす必要はありませんが、油を薄く塗って蝋引(ろうび)きの紙に包んだ状態で販売しています。なので、まず購入して使う前に中性洗剤でしっかりと洗ってください。水気を切ったら、強火で空焼きをし、薄けむりが上がってきたらたっぷりめの油を注ぎ、くず野菜を入れて弱火で炒めます。

炒めている途中で、さいばしを使って油を含んだキッチンペーパーで縁などにも油を行き渡らせます。10分ほど炒めたら、くず野菜を捨ててください。こうすることで、鉄のアクが抜け、表面に皮膜ができあがって食材などがくっつきにくくなり、サビ止めになります。

炒めるくず野菜はねぎやしょうが、セロリなど香りが強いもののほうが鉄のアクが抜けやすい＝鉄打出しフライパン［26cm］。

●料理の際の注意事項

最初はまだ油がなじんでいないので、油が多めの料理をしたほうがいいでしょう。料理のときは毎回、強火で空焼きをします。温度が低いとくっつきやすくなるので、薄けむりが上がるまで熱し、それから油を入れてください。けむりはいわば、「これから料理を始めるぞ！」という「狼煙」と考えればいいでしょう。

ただし、ＩＨだと急激に温度が上昇し、当たっているところだけ熱くなってしまってフライパンが変形する恐れがあります。徐々に温度を上げていくように注意してください。

取っ手は長いので早々に熱くなることはありませんが、乾いたふきんなどで握ると安心でしょう。濡れふきんだと火傷をするので気をつけましょう。料理が終わったら早めに皿などに移すこと。入れたままにすると金属臭が移ることがあります。食材の水や塩分もサビるもととなりフライパンにもよくありません。

●洗い方

ステンレスやアルミは洗剤で洗って構いませんが、鉄はNG。洗剤は油を分解する働きがあり、最初の馴らしでせっかくつけた皮膜がはがれてしまい、成長が止まってしまいます。また、サビや焦げつきの原因となります。熱いうちにぬるま湯で洗えば、たいていの油汚れや焦げつきは取れます。このとき、南部鉄器編で紹介したしゅろのたわしが効果的です。

どうしてもこびりついて取れないときはしばらく水につけておきます。まだ取れないときは、水を入れたままで火に掛けて沸騰させればはがれてきます。それでもというときは最終手段。本来は表面をキズつけることになるのであまりおススメしませんが、金たわしを使って落としたり、空焼きにして頑固なこびりつきを炭化させます。ただこうした場合は、皮膜も取れてフライパンは初期化されてしまいます。再度、馴らしをする必要があります。

●保管方法

水気は厳禁です。すぐにサビてしまいます。洗い終わったらすぐに火に掛けて水気を飛ばし、キッチンペーパーなどで拭いておくことを習慣にしてください。長期間使わないときは、全体に薄く油を塗って新聞紙に包んでおくのがいいでしょう。新聞紙は酸化防止には役に立つグッズです。とにかく頻繁に使っていつも油がなじんでいればサビる心配はないのです。

●メンテナンス

長く使っていなかったり、湿気のあるところに置きっ放しにしているとサビることがあります。そうした場合は、布・金たわしや紙やすりといったお手入れグッズを使えば、サビは取れます。サビが取れたら、また最初から馴らしの儀式を繰り返せば、すぐに扱いやすい状態に戻せます。

鉄打出しフライパンほど、育てることの楽しさを体感できる道具はないでしょう。確かに最初はじゃじゃ馬のように手間がかかるし扱いにくいかもしれませんが、毎日使ってあげると、素直に言うことを聞く名馬に変わり、自分だけの特別なフライパンになっていきます。言うことを聞かない暴れ馬を、自分好みに手なずけたときの達成感と爽快感といったら、もうたまりません。

お手入れグッズ
1　しゅろのたわし
2　金たわし
3　布たわし
4　紙やすり

「鉄に触れる部分の工夫で料理の出来栄えが違ってきます」

ビストロ「organ」(東京・西荻窪)オーナーの紺野真さん

今人気の自然派ワインをいち早く手掛け、そうしたワインに合う食事を提供する「organ(オルガン)」の紺野さんは鉄打出しフライパンを扱う名手です。

鉄の特性を熟知しているだけに、厚みやサイズ、形にも細かくこだわって、肉や魚のフライパン料理を探究しています。

――厚みが3・2㎜のフライパンを特別に作ってもらって使っています。重たいですが、保温性が格段に違う。火を弱めても強くしても、温度が一定に保たれ、焼きむらができません。弱火でゆっくりと火を入れる料理が多いので、より厚みが生きてきます。

また、サイズもよく使う肉の大きさに合わせて特注しています。肉がのっていない部分が肉の脂で焦げてくるので、なるべくフライパンに余白がないほうが都合がいいのです。実は底面もかすかに凹みをつけてもらっています。自然界にあるものは真っ直ぐや真っ平らというものがないからです。

鉄に食材がピッタリとくっつけば、触れている部分はカリッと焼け、触れていない部分はふんわりと仕上がる。魚などには最適な焼き具合となるのです。食材に道具を合わせられるのはとても便利で、こうした融通が利くのも型で作っていない打出しのいいところでしょう。

料理の世界はソムリエでスタート。そこで出会った自然派ワインを美味しく飲める店として2005年三軒茶屋に「uguisu(ウグイス)」をオープン。11年により食事に重きを置いた「organ」を開いた。両店とも常に満席の人気店。出す料理は「ほとんど自己流」。

特注フライパンで作ってもらったのがハチミツとスパイス風味の鴨肉のラケ。鴨から出てくる油をスプーンでかけながら、じっくりと焼き上げました。

店でよく
質問されることを
集めてみました

Q&A
［フライパン編］

Q　洋食店ではよく鉄のフライパンを使っているけど、なぜプロは鉄を使うの？

A　鉄ですと高温で料理ができるので、食材の水気を飛ばせ、焦げ目もカリッとつけられる。蓄熱性も高いので中までじっくりと火が通りやすい。理想的な料理がしやすい道具だからでしょう。フッ素加工のタイプに比べると、長く使える点もプロ向きと言えます。

Q　鉄フライパンは空焼きが必要だと聞いたんだけど、IHでも大丈夫かな？

A　通常の業務用フライパンはサビ止めにニスを塗っているので、使う前は空焼きをしてニスを飛ばす必要があります。ただ、IHだと空焼きはできません。そこで釜浅で販売している鉄打出しフライパンはニスを塗らずに、代わりに油を薄く塗った状態にしています。これなら、わざわざ空焼きをする必要はありません。

Q　油の皮膜をつけるためにくず野菜で炒めるそうだが、どんな野菜を使うといいの？

A　野菜ならどんなものでも構いませんが、セロリやしょうがが、ねぎといった香りの強い野菜のほうが鉄のアクが抜けやすいでしょう。

Q　以前鉄フライパンを使っていて焦げつきやすかった。どうしたら焦げつかなくなるの？

A　まず、最初にしっかりと油の皮膜をつける馴らしをすることです。皮膜がないとどうしても食材は焦げつきやすくなるし、サビやすくもなります。億劫がらずに手間をかけることで、道具とのいい関係が築けます。また、最初のうちは油が多めの料理をしたほうがなじみやすくなっていきます。卵料理は比較的焦げつきやすいので、用心しましょう。あと大切なのは、料理前はしっかりと高温で加熱すること。鉄が温まっていない状態で料理をすると焦げつきやすくなります。強火で熱して、薄けむりが上がる、これが料理スタートの合図です。

Q　ひどい焦げつきは洗ってもなかなか取れない。どうしたらきれいになるの？

A　熱いうちにたわしを使ってぬるま湯で洗っても取れないときは、しばらく水につけておいてください。それでも取れない場合は、水を入れたままで沸騰させてみる。さらに金たわしでこする、空焼きにして焦げつき部分を炭にしてしまうという手もあります。ただ、こうなるとせっかくの皮膜もはがれて、ノーガードの状態に戻ってしまいます。また、最初から馴らしをしてください。

Q どのくらいのサイズを買うべきなのか、迷ってしまう。選ぶ目安を教えて？

A 直径18cmは目玉焼きひとつやハンバーグ一個を焼くのにちょうどいいサイズです。ひとり暮らしや、朝のお弁当作りなどに向いています。22cmだと1人ないし2人分の炒め物に使いやすい大きさでしょう。24～26cmとなると2～3人分、28cm以上は3～5人分という感じですが、これはあくまでもひとつの目安です。炒め物をすることが多いなら、大きめのフライパンのほうが楽です。少ない食材を大きいフライパンで炒めると余計にシャキッと仕上がります。ただ、大きいフライパンだと洗うのが面倒と思って、あまり使わなくなってしまうこともあるので、そうなると道具にとっては残念なこと。キッチンのスペースや保管する場所も考慮に入れながら、サイズを選ぶべきです。

Q 鉄だとどのくらいの厚みがいいの？

A 厚さが1mmだと軽くて扱いやすいですが、温度が上がりやすいので焦げやすいというデメリットがあります。それより若干厚い1・2～1・6mmは中華鍋や一般に市販されているフライパンに多いタイプで、薄切りの肉や野菜を炒めるのに適しています。釜浅で扱っている鉄打出しフライパンは2・3mmの厚さです。結構重たくなりますが、蓄熱性や保温性が高くなるので焼き物が抜群にいい感じでできます。この上の3・2mmは男性が持っても重たく扱いにくい。その一方で焼くことにかけては右に出るものはなく、ステーキやハンバーグには最適です。ただし、これはあくまでも性能面からの話で、重たいとそれだけ使い勝手も悪くなってきます。実際に持ってみて、日常的に使えそうなものを選ぶことをおススメします。

Q 鉄フライパンはそのままオーブンやグリルで使っても大丈夫？

A 使っても問題ありません。ただ、取っ手があるとジャマになるので、オーブンやグリルで使う場合は両手タイプがおススメです。この両手タイプが優れているのは、できあがった料理を皿などに移す必要がなく、そのまま皿として出せるところです。油で黒光りしたフライパンの面もちはなかなか渋く、そして中の料理もとても映えて見えるので、食欲を一段とそそることでしょう。

STORY OF

GOOD COOKING TOOLS

良理道具のいい話

3

釜浅商店2代目があの釜飯を考えた！

僕の祖父、釜浅商店の2代目の熊澤太郎という人はかなりの洒落者だったようで、海外旅行が解禁になるやいち早くアメリカに赴いたり、当時やっている人が少なかったゴルフを始めたり。まだ高価だったカメラの趣味などもありました。ひとりで飲み歩くのも好きで、父から「仕事をしているところを見たことがない」と、愚痴を聞かされました。

そんな2代目が実はあの釜飯の考案者なのです。今も浅草にある居酒屋「二葉」が行きつけで、いつものようにひとりで飲んだある晩、〆で茶碗2杯分ぐらいのごはんが食べたいと思ったようです。そんな小さな釜がなかったので、職人に発注して作らせてしまった。

大きい釜をそのまま小さくするとバランスが悪いので、つばから上を高くするなど自分でデザインもし、釜だけだと底が丸く倒れてしまうからと、一升枡を逆さにして底をくり抜き、その上にのせる。ごはんも白米では面白くないといろんな具を入れて炊いてもらい、釜飯のスタイルを作ってしまったわけです。その後「二葉」ではこの釜飯が看板メニューになっています。

行平鍋編

【ゆきひらなべへん】

行平鍋（ゆきひらなべ）の理点（ことわりポイント）とは

身も軽やかにあれこれの注文に応える

鍋界にも万能選手がいた！

みなさんの中にはあまりなじみがない人がいるかもしれませんが、和食の店に行くとこの行平鍋は大活躍です。

素材はアルミや銅が多く、アルミならとにかく軽い。水をくむひしゃくとしても使っているし、鍋から鍋にたれや煮汁、煮物などを移すときにも便利なわけです。しかも、アルミ、銅は熱伝導がよく火の通りが早い素材です。短時間でお湯を沸かしたり、煮たり茹でたりに最適なのです。プロの世界では出汁を取ることを「出汁をひく」と言いますが、まさにそんなときも行平鍋の出番。味噌汁を作るのにも便利です。多用な注文にも器用に応えることができる万能鍋と言えるでしょう。

そして、そんなに出番が多く大忙しなのに、その名前の響きや丸くてかわいらしい面（おも）もちから、少しも慌てていないし汗もかいていないような、どこかのほほんとした雰囲気を漂わせているところがまたいいところです。

行平鍋は雪平鍋と書くこともあり、名前の由来は諸説あります。在原行平が須磨で海女に海水をくませて塩を焼かせたとか、そのときに用いた平鍋に白い塩が現れて雪のように見えたとか、またまた、煮たものの湯気具合を湯気平（ゆげひら）と表現しそれが行平になったという説もあります。いずれにしても、日本人らしいものを愛でる言葉のセンスがなんとも粋な名前を生んだわけです。

そんな行平鍋を手元に置いておくと、道具ライフがより趣き深く、そしてより楽しく展開していくに違いありません。

プロ仕様だけにデザインも理詰め

では、ここで行平鍋の仲間を紹介しましょう。

行平鍋／スタンダードなタイプは蓋のない、中程度の深さになっており、取っ手が片手の鍋です。汁の注ぎ口が左右両方か、片方だけについています。取っ手の柄は木製が多く、ネジで固定されています。これは取っ手が減ったり傷んだときに柄だけを交換すれば済むようになっているのです。素材はアルミに銅、それにステンレスもあります。

やっとこ鍋／行平鍋の取っ手と注ぎ口を取り去った形状の鍋。火から下ろすときは鍋ばさみであるやっとこを使います。なにゆえ、こうした鍋があるかというと、業務用のガスバーナーは火力が強く、木製の取っ手が燃えてしまうことがあるためです。また、複数の鍋を並べて同時に料理する際、取っ手があるとジャマになるというのもその理由です。見た目にはかわいいので、そのまま皿として使っても良さそうです。サイズが違えば、そのまま重ねることもできます。

坊主鍋／丸底の形にした鍋のことをこう呼んでいます。丸底のほうが鍋の中で煮汁などが効率よく対流し、熱回りも優れています。やっとこタイプの坊主鍋もあります。和菓子職人があんこを作るときや、パティシエがカスタードを作るときにも使っています。

1　ステンレス行平鍋両口（りょうくち）［15cm］
2　銅姫野作本手打行平鍋
（どうひめのさくほんてうちゆきひらなべ）［15cm］
3　アルミ姫野作本手打やっとこ鍋［15・21・24cm］
4　やっとこ
5　坊主鍋（ぼうずなべ）［18cm］
6　アルミ姫野作本手打行平鍋［21cm］
7　アルミ姫野作本手打行平鍋両口［15cm］

5
7
6

姫野作本手打行平鍋の理点と作られ方

職人の打つ軌跡が眩い輝きを放つ

日本で数人しかいない手打ち職人の作

表面の凸凹とした模様が、行平鍋のトレードマークになっています。これは、アルミや銅が本来柔らかい金属なので、硬く丈夫にするために叩いて金属の粒子を締めた、先人たちの知恵から生まれた〝跡〟なのです。

ところが最近では、それを単なるデザインとして用いてプレス加工で作っている鍋が多く出回っています。そうした中で「姫野作本手打行平鍋」は機械打ちでなく、職人が手で打つ昔ながらの製法で作る数少ない行平鍋です。

作者の姫野寿一さんは、日本ではもう10人もいないと言われる鍋の手打ち職人です。大阪府八尾市にある工房を何度かお邪魔したことがありますが、数十メートル先からリズミカルに鍋を叩く「カンカン」という音が聞こえてきます。

姫野さんは鍋の底、胴、そして底と胴の境目の縁を大きさや重さが違う3種類の金槌を使い分けて叩いていきます。特に、鍋をぶつけることが多く傷みやすい縁の、１cmぐらいの細いところを4周もかけて、小さい金槌で入念に叩いて丈夫に仕上げています。完成するまでに叩く回数はアルミで１５００回、銅に至っては３０００回に及ぶというのですから、根気のいる仕事であるのがわかります。

「同じ場所を2度叩くのは失敗です。少しずつずらしながら、均等に打出していかないと熱の入り方がまばらになってしまいます」とこの道27年の姫野さんは言います。こうしてできあがった鍋は表面積が15～20％広くなるという。それが熱伝導をさらに良くしている秘密なのです。

アート作品の領域に限りなく迫る道具

姫野作のもうひとつの特長は厚み。1・8～2㎜が主流の行平鍋の中で3㎜と厚いことです。これによって食材にゆっくりと熱を入れることができるだけでなく、鍋全体が均一の温度で熱くなるので、煮物などをした場合は食材にくまなく、同時に火が通ります。保温性も高いので、火を消してもしばらくは温かさを保ちながら食材に味を染み込ませることができます。

打出し方は同じ送り、同じ打ち方をする正列（せいれつ）と、打つ位置を微妙に変える乱打（らんう）ちがあります。前者はきれいな凸凹の弧を描き、後者は一面に広がっていくように見えて、雰囲気ががらっと変わってきます。

太陽や照明に当たったときなどは、光を反射してなんとも幻想的な光の輪を周囲に巡らし、当たる角度によっても多様な表情を見せる。もはや道具の領域を超え、アート作品のような煌（きら）めく美しさを感じさせてくれます。

撮影：谷本裕志

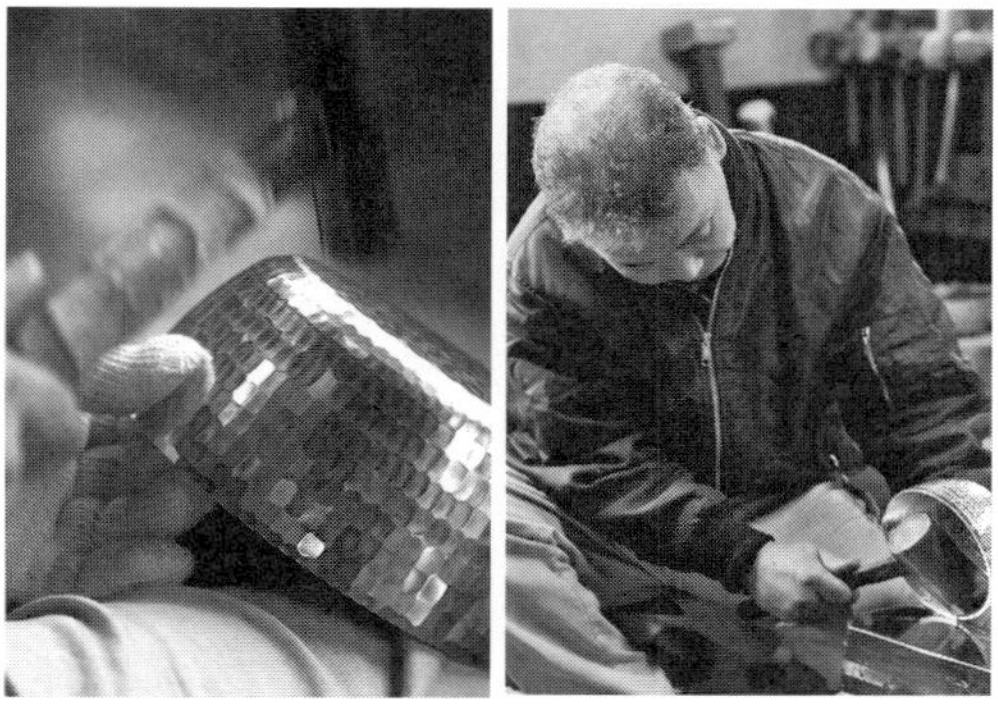

姫野さんの手によって、アルミや銅が丈夫な道具となり、うっとりするような輝きを放つ芸術品に変わる。

「鍋を見るだけで気分がアガリ料理に気持ちが入ってきます」

寿司店「酢飯屋」（東京・江戸川橋）店主の岡田大介さん

全国の漁師さんと独自のネットワークを結び、市場には出回らない珍しい魚を手に入れて食べさせてくれる「酢飯屋」の岡田さん。各地を飛び回り自分の目で食材を探し求める硬派で熱い職人です。

当然、道具へのこだわりもひとしお。そんな岡田さんは姫野作本手打行平鍋の愛用者でもあります。

――15cmと21cmの2つのサイズの、注ぎ口を烏口に特注した鍋を使っています。煮物、汁物と日々大活躍です。出汁をひいて小分けにするときも汁がたれずに注げるので、もうお玉要らずです。

あまりにも気に入ってしまって、姫野さんに特別に、おでん鍋まで作ってもらいました。わざわざ中を6等分の間仕切りに溶接してもらって、味が混ざらないでおでんを作れるようにしたのですが、熱の回りが早く、すべてが均等に温まるのには驚きました。

そんなにこまめに手入れをしているわけでもなく、多少黒ずんできましたが、照明に当たると依然、ミラーボールのようにキラキラと輝いてくれる。そんな様を見てしまうと、こちらも気持ちを入れて一生懸命に料理を作ろうと思ってしまいます。作り手のテンションをこうして上げてくれる道具はすばらしい。めったにあるものではありません。

母親の急死で料理の大切さを痛感し、大学進学をやめて和食店、そして寿司店で修業。2004年に独立し08年に大正時代から建つ豆腐店を改造してギャラリーを併設する「酢飯屋」を開く。神経絞めをした魚の旨味を引き出す「熟魚（じゅくぎょ）」の料理が自慢。

輪切り大根を鰹出汁でぐつぐつと煮込む。行平鍋に浮かぶ姿はなんとも美味しそう。そこに「ひしお」を添えると、シンプルながら最高のつまみが誕生します。

姫野作本手打行平鍋を育てる

初々しい輝きが使うほどに渋味を醸す変遷をとくと味わえる

育て方の4鍋則

1. 黒っぽくなるが、問題ない。
2. 洗剤を使って構わない。
3. 料理を入れっ放しにしない。
4. キズは成長の証と思う。

撮影：谷本裕志

●取扱い

南部鉄器や鉄フライパンのように、馴らしでなにかやらなければならないことはありません。買ってすぐに使うことができます。水を何度も沸かしていると、アルミは黒っぽく変色してきますが、別に変質したわけではありません。機能的には別段問題なく、そのまま使い続けて構いません。そうした変色を防ぐには、米のとぎ汁を入れて煮立てるのが効果的です。

火元では、ＩＨはアルミと銅の鍋に関しては使用できません。酸や塩気にも弱いので、くれぐれも料理を入れっ放しにすることがないようにしましょう。料理が終わったら、洗剤で洗って構いません。ただ、水気もよくないので、きれいに拭き取って保管するようにしましょう。

●メンテナンス

プロの料理人の中には、アルミだと黒ずんでくるので出汁の色がわからなくなると嫌う人もいますが、家庭で使う分には問題ないでしょう。それでも黒くなるのが気になるというのなら、クレンザーを使って洗えばきれいになります。

素材自体が柔らかいので表面にはどうしてもキズがつきやすく、買った当初の、周りの風景が映り込んだり、光を反射してキラキラと輝くことは次第に落ち着いてきます。が、これこそ道具が育っていくことで、叩いた境目の線が徐々に輪郭を濃くし、全体に渋めの様相に変わり、味わいを増していきます。

その意味では、姫野作のような行平鍋は買ったばかりのときと、頻繁に使って育っていくときの二度、楽しめるわけです。それを考えると、なんだか得したような気分になります。

道具選び5つのアドバイス

KAMAASA'S ADVICE

1　弘法も筆を選ぶ。

どんなに料理の腕前があっても、
良い道具を使わなければ力は発揮できない。

2　店に行き、手に取る。

実際に目で見て、触り、握って、
自分の手になじむ道具であるかを確かめる。

3　使うシーンを想像する。

毎日顔を合わせ、使ってあげるのが理想。
億劫にならないサイズや機能を選ぶ。

4　自分にとってのベストを探す。

ブランドや評判にとらわれずに、
自分の暮らしに合った最適の道具を選び出す。

5　永くつき合っていく。

手入れができ、使い続けることができるか、
「道具を育てる」意欲を今一度確認する。

〝ひと手間〟道具

いつもの暮らしに〝ひと手間〟を加えたくなる、そんな道具というのがあります

「わざわざ」という言葉には、一般的には面倒なことをやらなければならないような、どこかマイナスな印象がありますが、こと、料理道具に関してはまったく逆の意味となります。今まで体験しなかったことを「わざわざ」することで味わえ、「わざわざ」したことでなにか楽しいことが起こりそうな、期待がどんどん膨らんでいくプラスの言葉なのです。

ここではそんな、いつもはしないのに「わざわざ」したくなる、暮らしに〝ひと手間〟加えたくなる道具たちを紹介しましょう。

こうした〝ひと手間〟道具は、普通に暮らしていく上では別になくても困らないものです。でもあると、不思議なことに何気なくやってきたことが気になり出し、時間をかけずにチャチャッと済ませていたことに手間をかけ始めるのです。

パックの封を切るだけだった鰹節を削ってみたり、チューブから出していたわさびをおろしてみたり、ごまを煎ってみたり、ごはんをおひつに移してみたり……。

当然、料理にひと工程増えることになるわけですが、そうすることで、今までと香りや風味、味わいが驚くほど違ってくることに気がつきます。すると、その手間が面倒なものではなく、楽しいことに変わり出す。忙しい毎日を送っているからこそ、そんな時間を「わざわざ」作ることがぜいたくで豊かに思えてきます。そのうち、キッチンで〝ひと手間〟道具を見かけるたびに、自然と笑顔になっている自分に気がつくことでしょう。

“ひと手間”道具

01

鰹節（かつおぶし）を削る

削りたてが温かな
和みの時間を香らせる

P.120へ

鰹節削り

鰹節というとお手軽なパックタイプが一般的ですが、この鰹節削りを使った削りたては香りや風味がだんぜん違ってきます。毎朝だと面倒になってしまうかもしれませんが、お休みの日の朝などに、無心で削った鰹節で出汁を取ってお味噌汁を作り、いつもより丁寧な朝ごはんを食べる、というのもいいのではないでしょうか。

削りたての香りがまだ漂うお味噌汁を一口すれば、日ごろの悩みもすっきり。昨日の仕事のミスやわずらわしい人間関係、そしてちょっと飲み過ぎた酒の席での失態もどうにかなるさ！と思わせてくれます。

このところ、ご家庭ではあまり見なくなってしまいましたが、店で商品を見かけたお客様の多くは「子どものころ、家のお手伝いでよく削らされた」と懐かしがりながら、話をされます。確かに、あのシャカシャカと削っている響きはどこか気持ちを和ませ、安心させてくれる音です。

だったら、鰹節削りのお手伝いの習慣をもう一度復活させて、親子やパートナーとの大切な時間を作ってみるのもいいかもしれません。

“ひと手間”道具

01

鰹節を削る

鉋（かんな）と箱からできていて、木の材質は一般的に白樫、ブナ、ナラ、栓、ひのきなどがあります。鉋の刃は研ぎ直しもできるので、一度買ってしまえば半永久的に使えます。削り終わったあとは、カスや粉になったものを取り除き、湿気のないところに保管します。

手で目立てされた銅（どう）おろし金と鮫皮（さめがわ）おろし。機械とは違い刃の並びが不揃いなので、どの方向におろしても刃が当たっておろしやすく、刃自体も鋭利なので繊維をつぶさない。大根やしょうが、それにわさびが水っぽくならずにふっくらとした仕上がりになります。

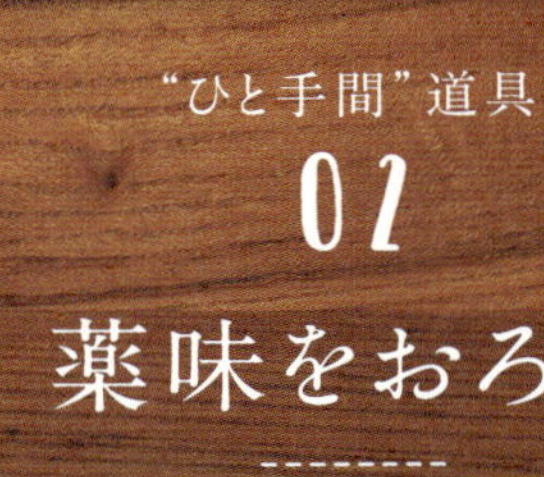

“ひと手間”道具

02

薬味をおろす

"ひと手間"道具

02

薬味をおろす

刺激的でぜいたくな時間は簡単に手に入る

P.121へ

そばやうどんを食べるときに、銅おろし金や鮫皮おろしでわさびやしょうがをおろしてみてください。チューブタイプでは味わえない、刺激的でぜいたくな時間を味わえます。おろしているひと手間の時間が、豊かで楽しい気分を演出してくれるのです。

おろし器はアルミ、ステンレス、セラミックなど、いろいろな材質のものがありますが、ここで紹介するのは職人が手で一つひとつ目立てした銅おろし金。通常の大きさのものは、表面の刃が大根やとろろ用に、刃が細かい裏面は薬味や柚子皮用に使えます。使い込んで刃が鈍くなったときも3回ぐらいまでは目立て直しができます。

おめでたい鶴と亀は薬味用で、ギフトなどに最適です。酸化を防ぐために表面が錫(すず)引きされています。白っぽいのが鮫皮おろしで、文字通り鮫の皮を使用しています。こちらはわさび専用です。銅おろし金に比べると、辛味がマイルドで舌触りもクリーミーになります。お好みに合わせて使い分けてもいいでしょう。

どちらも洗う際、小さいたわしがあると細かな汚れが取れて便利。しゅろは耐水性や耐摩耗性に優れており繊維もしなやかなのでおろし器本体を傷つけません。

1 鮫皮おろし［特小］
2 鮫皮おろし［魯山］
3 銅おろし金［鶴］
4 銅おろし金［亀］
5 銅おろし金［5号］
6 しゅろのたわし［すみっこ］

“ひと手間”道具

03

銀杏やごまを煎る

煎ることを探してみると暮らしの質が高まる

P.124へ

1 銀杏煎(ぎんなんいり)
2 銀杏割(ぎんなんわり)
3 ごま煎

煎りたての銀杏に塩を振って食べると、香りやホクホク感を味わえてとても美味しい。でも、銀杏の殻を割るというのがひと苦労です。ペンチやキッチンばさみを使うと手元が狂って自分の手を痛めたり、力加減がわからず中の銀杏を傷めてしまうこともしばしば。そんなとき、こちらの銀杏割ならバキバキと簡単に割れて役に立ちます。

煎るのはフライパンや電子レンジでもできますが、そこは専用の銀杏煎で手をかけたい。蓋つきなので殻が弾けても飛び出る心配はありません。銀杏の季節が終わってからも正月の残ったお餅を煎ってかき餅にしたり、コーヒー豆をローストするのにも使えたりと、1年を通して活躍してくれます。そしてそんな手間がまた楽しく感じられます。

ごまも自分で煎ると香りがだんぜん違ってきます。こちらもフライパンで煎るとプチプチ跳ねて周りに飛び散ってしまいますが、ごま煎があれば蓋つきなので飛び散りを防ぎ食べる分だけ煎ることができます。飲みきれず古くなった緑茶葉を煎ってほうじ茶にするときにも使えるので、お茶屋さんの前を通ったときの深呼吸したくなるあの香ばしい匂いが家で楽しめます。

"ひと手間"道具

03
銀杏やごまを煎る

いずれも銀杏とごまの専用の道具で、出番は少ないかと思いきや、意外に用途は多様でいろいろと使えます。銀杏煎はコーヒーのロースターに早変わりするし、ごま煎はほうじ茶作りに一役買います。せっかく手にしたのなら、まめに使ってあげると道具も喜びます。

“ひと手間”道具

04
ごはんを移す

炊飯器の炊きたてのごはんをおひつに移すだけで、適度な湿度を保ちながら、ごはんの余分な水分をしっかりと吸って、お米本来の味が楽しめます。素材のさわらには、防腐効果もありますので、ごはんの鮮度を長持ちさせてくれます。

“ひと手間”道具

04

ごはんを移す

お米本来の味を長く味わえる秘密兵器

P.125へ

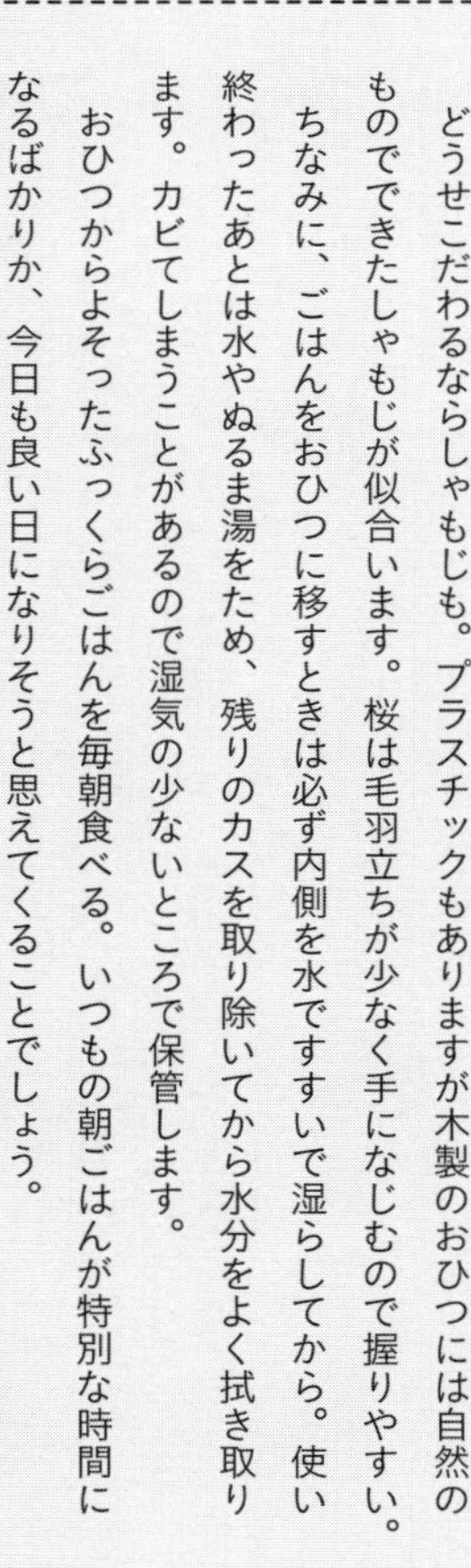

さわらおひつと宮島しゃもじ

炊きたてのお米をハフハフしながら食べるのが美味しいと思われていますが、実は炊けてから10分ほど経過したころにごはんは引き締まり、お米本来の味を楽しめるのです。そんなときに役立ってくれるのがおひつです。中でも、さわらは水にも強く、しかも軽いので古くから台所用品の資材として重宝されてきました。炊飯器に入れたままにしておくと表面は乾燥し、底はベチャベチャになってしまいますが、さわらのおひつなら、適度な湿度を保ちながら、ごはんの余分な水分は吸ってくれます。

どうせこだわるならしゃもじも。プラスチックもありますが木製のおひつには自然のものでできたしゃもじが似合います。桜は毛羽立ちが少なく手になじむので握りやすい。

ちなみに、ごはんをおひつに移すときは必ず内側を水ですすいで湿らしてから。使い終わったあとは水やぬるま湯をため、残りのカスを取り除いてから水分をよく拭き取ります。カビてしまうことがあるので湿気の少ないところで保管します。

おひつからよそったふっくらごはんを毎朝食べる。いつもの朝ごはんが特別な時間になるばかりか、今日も良い日になりそうと思えてくることでしょう。

“ひと手間”道具

05

炭火で焼く

食材の美味しさを最大限に引き出せる

P.128へ

炭で調理した食材はなぜ美味しいのでしょうか。それは、炭で調理すると食材の水分を奪うことなく加熱するので、外はカリッと香ばしく、中はジューシーに焼き上がるからです。焼き肉などの肉はもちろん、魚介や野菜など様々な食材を炭の力で美味しく食べることができます。

そこで、七輪と炭周りの道具など「炭ライフ」を満喫する道具を紹介しましょう。

焼き肉店などでは丸型の七輪が一般的ですが、角型というのも結構使えます。なにしろ角型なら、秋刀魚などの魚を丸ごと焼くことができます。焼き鳥などの串物を焼くときや、網を遠火にする際に使えるのが鉄久です。屋外でなく、家などガスが使える環境であれば火おこしに炭を入れ火にかけます。こちらのほうが早く火がおこせます。

炭に関しては種類も多いのでなにが良いのかわからない人も多いと思いますが、まず始めるのなら火がつきやすいオガ炭がおススメです。とにかく「炭ライフ」で大事なのは換気が十分できる環境で使うこと。室内で使用する場合はけむりで大変なこととなりますから、換気扇の下にセットして使用するほうがいいでしょう。

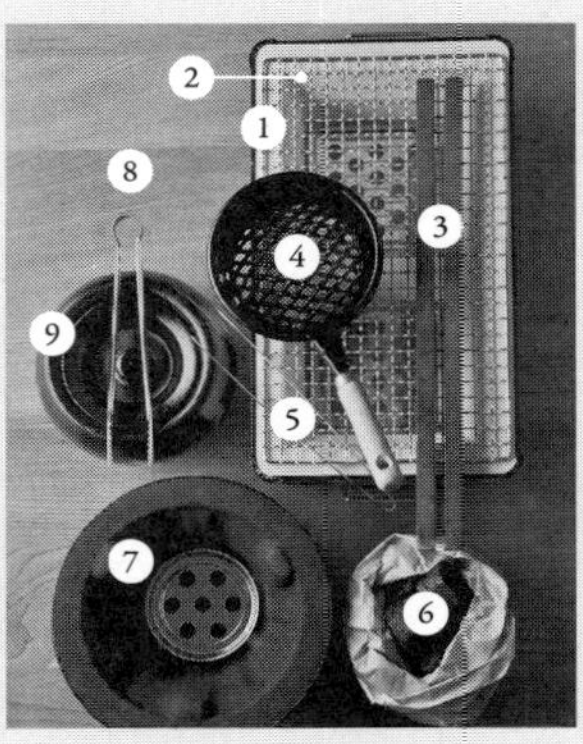

1 角BBQコンロワイド
2 角BBQコンロワイド専用ステンレス網
3 鉄久（てっきゅう）[45cm]
4 火起こし
5 焼肉トング
6 オガ炭（たん）[1kg]
7 卓上七輪（たくじょうしちりん）
8 炭バサミ [24cm]
9 火消し壺

火が入った炭を七輪に移動させるときなどには炭ばさみがあると便利でしょう。残った炭は火消し壺で火を落とし、消し炭として保管します。消し炭は次に火をおこす際、火のつきが早いので火加減調整にも使えます。捨てずに保管しましょう。

“ひと手間”道具

05 炭火で焼く

"ひと手間"道具

06

熱燗をつける

湯煎で温めるので、全体が均一に温まり風味を損なわず美味しくいただけます。電子レンジは温まりにむらができ、全体を温めようとすると温め過ぎて風味が損なわれてせっかくのお酒が泣いてしまう。美味しいお酒を飲むためのひと手間を惜しんではいけません。

“ひと手間”道具

06

熱燗をつける

居酒屋の気分で
美味しいお酒をたしなむ

P.129へ

お酒の燗をするときに使う道具で、ちろりやちょろりんなど呼び名はいくつかあります。アルミや錫のほかには銅やステンレスなど、使われる材料も様々。ちなみにその中でも錫は熱伝導率がよく抗菌作用もあると言われ、昔は錫で燗をつけると一級上がると言われたほど。今もお酒好きに愛用されています。

材質により熱伝導率やメンテナンスのしやすさなど個々の特性はありますが、なんと言ってもこの酒たんぽでお酒が出てきたときの高揚感はなかなか。寒い冬などに身体の芯まで冷えてようやくたどり着いた家で、つまみと一緒に出されたら、「今日一日頑張ってよかった！」と小躍りしたくなるに違いありません。

ただそこで肝心なのはお酒の温度。ホクホクな気持ちでお酒に口をつけたものの、熱過ぎでアルコールも飛んでしまっていては小躍りした分がっかりも大きいというもの。そんなときの救世主がおかんメーター。燗をつけるときに一緒に入れておくだけでぬる燗、上燗、熱燗まで自分の好みの温度を知らせてくれます。メーターを見ながらワクワクして待つ時間も楽しいものです。

1　錫酒たんぽ［1.5合］
2　酒たんぽ［1合］
3　おかんメーター

“ひと手間”道具

07

卵を焼く

道具ひとつで、
エンターテインメントに変わる

P.132へ

1 銅玉子焼器関東型［15cm］
2 玉子焼器用木蓋［15cm］
3 油引きセット
4 アルミ姫野作本手打親子鍋
5 銅玉子焼器関西型［12cm］

卵焼きの道具には長方形の関西型と正方形の関東型があります。巻いて作る一般的な出汁巻き卵は関西型で作ります。関東型は寿司店などで出されるエビや白身魚などのすり身を入れた卵液をごくごく弱火でじっくり火を通し作るカステラのようなタイプや、築地などで作るところが見られる、半分に折り返して成形する卵焼きに使用します。じっくり火を通すときや成形する際に木蓋を使用するので関東型のみ木蓋があります。ご家庭でお使いになるなら関西型のほうが使いやすいでしょう。

卵焼きはもちろん、お好み焼きやたこ焼きなどを作るときにあれば便利なのが油引きセット。余分な油を使わず表面に均一に油を塗り広げることができます。また、ボトルから油を直接注いでうっかり出し過ぎてしまう、そんな失敗をせずに済みます。

もうひとつ、卵つながりで親子鍋を紹介しましょう。親子丼はフライパンや普通の鍋でも作れますが、親子鍋からホカホカごはんがよそわれた丼の上へ、ふわとろ卵の具材をのせるときの緊張感と、サッとうまいこと盛りつけられたときのテンションのアガリっぷりはこの親子鍋でしか味わえません。

“ひと手間”道具

07

卵を焼く

銅製は熱の伝導率が良いので、均一に熱が伝わりふっくらとした卵焼きになります。使い始めは油がなじむまでは全体に念入りに油を引き、使い終わったあとはせっかくなじんだ油を取ってしまうことになりますので洗剤は使わず湯洗いで済ませましょう。

"ひと手間"道具

08

肉を揚げる

このラインナップを見てピンときた人、かなりの食いしん坊でしょう。店で出されるようなカツを自分で揚げ、揚げたてをサクサクいわせて食べたいための道具たちです。肉の下ごしらえをしっかりやり、揚げるときもいい道具に頼ると、見事なカツが仕上がります。

“ひと手間”道具

08

肉を揚げる

ストレスも解消して 気分もアゲる

P.133へ

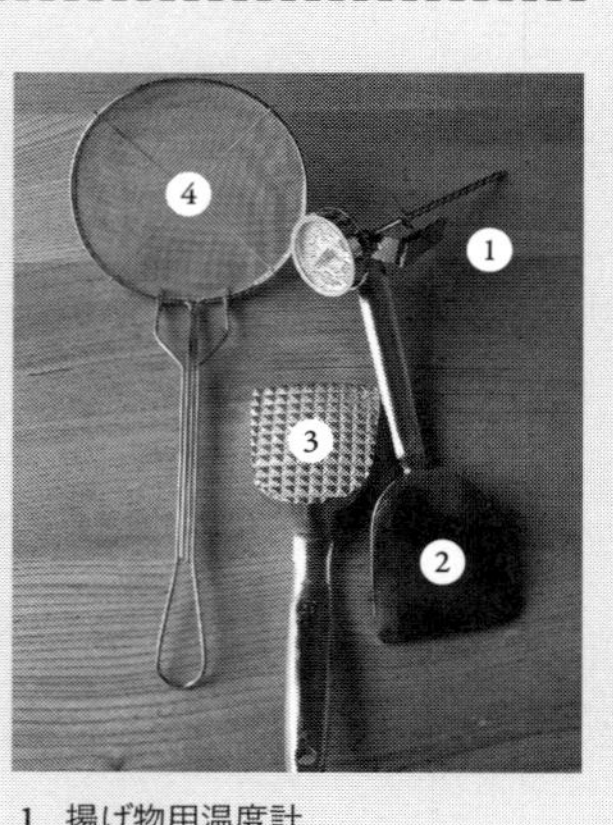

1 揚げ物用温度計
2 肉たたき［平］
3 肉たたき［ギザ］
4 カスアゲ［丸］

肉たたきは肉を叩いて繊維を壊し、柔らかくするための道具。ギザは筋が多い肉の筋切りにも使え、平は全体の成形に使います。ワインなどの空き瓶を使用する人もいますが、勢いあまって割れてしまったときの危険度を考えると専用道具を使い、気兼ねなく叩くほうが安全です。なんだかクサクサする日は安めのステーキ肉を買ってきて、ひたすらバンバン叩きストレス発散。その上、柔らかくなった肉を食べてパワーチャージなんてことも。

柔らかい肉ができたら次は揚げ物。カスアゲは油に浮いたカスを取るものです。揚げカスが浮いたまま続けると焦げて揚げ物についてしまい見た目に美しくありません。この作業をすることで揚げ物の仕上がりに差がつきます。メインの揚げ物を引き上げるのにも使えるほか、から揚げやポテトフライなど細かなものもいっきに上げられて便利です。

温度計を使って揚げるとさらにクオリティが上がっていきます。音で聞き分けたり、衣から出る気泡で見分けたりと揚げ物の適温を判断するのは結構難しい。失敗しないためには調味料同様きちんと計ることも大切です。

“ひと手間”道具

09

本格的に蒸す

ヘルシーライフをさらに満喫する

P.136へ

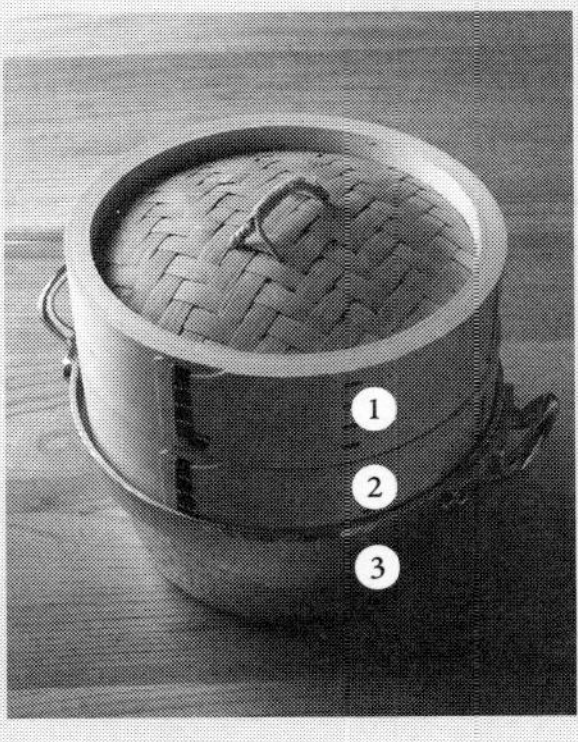

1 中華蒸篭蓋（ちゅうかせいろふた）[21cm]
2 中華蒸篭身 [21cm]
3 アルミ姫野作本手打段付き鍋 [21cm]

今、女性たちの間で人気の蒸し料理。本格的な道具をそろえると、料理のラインナップがさらに広がります。点心だけでなく、茶碗蒸し、プリン、野菜に肉や魚を蒸したりと幅広く使えます。とにかく油を使わないのでヘルシーですし、野菜などはカサが減るので生より量を食べやすくなります。

蒸篭は身と蓋に分かれています。蒸篭だけでは使えず、下に水を沸騰させて蒸気を出す鍋が必要です。深型の段付き鍋などをセットで持っておくと便利です。鍋は蒸篭を使わないときに、普通の鍋としても使えます。逆に、今お持ちの鍋の大きさに合わせて蒸篭を買うというのもいいでしょう。そのときは店に現物を持っていくことをおススメします。

というのも、鍋が蒸篭より大きいとうまくはまらず不安定となり、小さくても隙間から蒸気が逃げてしまってうまく機能しないからです。採寸して購入しても、形状によってはピッタリはまらない場合もあるので、せっかく買った蒸篭が合わなかったときのショックを考えると労力は惜しまないほうが得策です。

“ひと手間”道具

09

本格的に蒸す

ステンレスの蒸し器もありますが、より本格的にという人にはこのセットがいいでしょう。余分な水気を蒸篭の竹が吸ってくれて、ホッカホカの蒸し料理が楽しめます。蓋を上げたときの、湯けむりと同時に食材の美味しそうな香りが漂う様はまさに幸せな瞬間です。

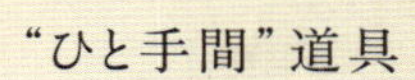

“ひと手間”道具

10

魚をさばく

魚をさばくのはひと手間ではないかもしれませんが、良い道具があるとぐっとヤル気もわいてきます。出刃などの庖丁はよく知られていますが、実はこうした小道具を使うと面倒な作業も結構楽にこなせます。作業がしやすくなるのが道具本来の役割と言えます。

“ひと手間”道具

10

魚をさばく

ハードルが高いと思えた料理も道具が支える

P.137へ

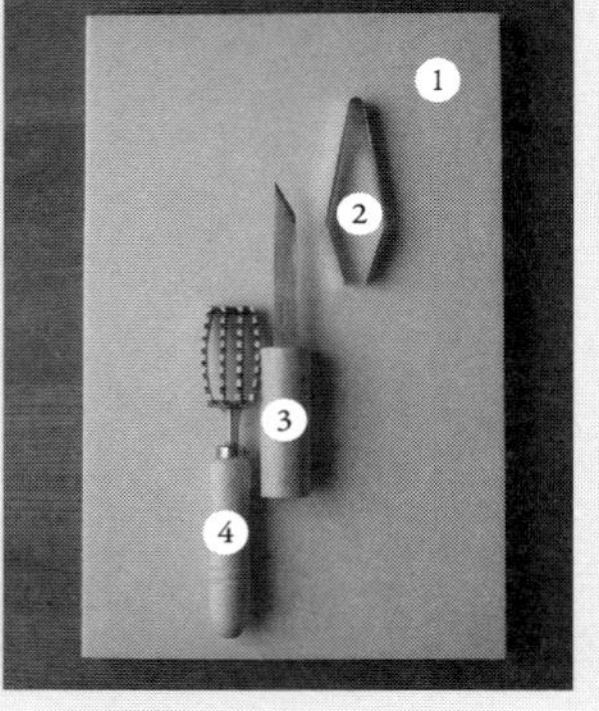

1 ソフトまな板
2 骨抜（ほねぬき）
3 貝ムキ
4 真鍮鱗取（しんちゅううろことり）

まな板は材質により各々の特性があります。プラスチックはカビが生えず衛生的ですが庖丁の刃を傷めやすく切れ味が長持ちしません。木は逆に庖丁にとって優しい反面、カビが生えやすい。その点、ソフトまな板は衛生的で庖丁にも優しいと双方の良いところを兼ね備えています。

魚は骨がポイントです。魚嫌いの人の多くは骨を取るのが面倒だったり、うっかり食べてのどに刺さったことがあったりと、骨に原因があるようです。そこで、骨抜を使ってひと手間かける。骨抜は関西型や関東型、斜め、幅広、ペンチタイプなどいろいろな形があります。自分の手に合うものを選ぶといいでしょう。

鯛などしっかりとした鱗のある魚の場合は、鱗取を使うと作業が楽になります。面白いほどペリペリよく取れます。ただ、飛び散ったりしますのでご注意ください。

魚のさばきをある程度クリアしたら、次は貝に挑戦。貝ムキは貝の種類によって形状もいろいろとあります。庖丁などを使う人もいますが手元が危険ですし、刃を傷めますので専用の道具を使うことをおススメします。

STORY OF

GOOD COOKING TOOLS

良理道具のいい話

4

道具との距離感が縮まる「銘入れ」

いつも使う道具やお気に入りの道具に自分の名前が入っていると、扱いが思わず丁寧になったり、大事にしようと手入れをまめにしたりしてしまう。「銘入れ」というのは、思ってもみないすごい効果があります。

庖丁に銘入れをするのは一般的に知られていますが、釜浅商店では銅おろし金の背の部分やフライパンの柄、鍋の胴体など、金物であればほとんど、どこでも銘入れのサービスをすることにしています。金物の材質によって、手打ちで名前を彫ったり、グラインダーを使ったりしています。

すると、自分の名前を入れる人、贈る相手の名前にする人、子どもやペットの名前を入れて欲しいという人と様々です。

中には星やハートの絵柄を入れてくれというオーダーも。そうした名前や柄を入れることで、自分だけの一品となりますし、道具との関係性も急に深くなったりします。

使っているうちに、名を入れた部分は最初ほど目立たなくなるかもしれませんが、しっかりと道具を育てていることを実感できるでしょう。

特別編

炭火焼ロースター「YK-T」はこうして誕生した！

「美味(うま)い焼き肉が食べたい！」オトコたちの純情な〝肉愛〟から生まれた道具

プロの料理人と道具の職人の間をつなぐ僕ら道具専門店は、ときに使い手の声や作り手の思いを結集させてより良い道具を作ったりします。炭火焼ロースター「YK-T」は中でも、肉への思い入れがはんぱでない3人が集まっただけに、完成への道のりはかなり熱きものでした。

無理難題をいつも形にする
厨房機器メーカー「照姫」
専務の植 大さん

思いついたら躊躇わずに
即行動の「釜浅商店」
店主の熊澤大介

肉を美味く焼くことに
命を懸ける「炭火焼ゆうじ」
店主の樋口裕師さん

3者で共同開発した炭火焼ロースター「YK-T」。ステンレス網と鋳物鉄板の2種類の焼き方をひとつのロースターでできるようにしました。

炭火焼ロースター「YK-T」はこうして誕生した！

「美味い焼き肉が食べたい！」改良を重ね、理想の道具を究める

手前が初代機。網や鉄板がズレないように四方に角を立てた2号機（右）。さらに囲いの改良を加えた3号機（左）。

ホルモンと肉では美味い焼き方は異なる

「自分の店で使うロースターを作りたい」。釜浅によく道具を買いに来る「炭火焼ゆうじ」の裕師さんからある日、こんな相談を受けました。焼き肉道を究め、肉をいかに美味く焼くかにこだわってきた裕師さんは、25年の歳月をかけてひとつの答えを得たというのです。

内臓のホルモンは中まで火が通っていないと美味くないので、網で焼くのが最適。一方、カルビなどの肉は表面に焦げ目がつきながら、中はまだジューシーなままがよく、この焼き具合にするには網は焼き過ぎてしまう。理想は鉄板で表面を早く焼いて、中の肉汁を逃さないようにすることなのだそうです。

これまでいろんな道具を扱ってきましたが、網と鉄板両方を使えるロースターは見たことがありませんでした。ただ、元来肉好きな僕はこんな美味しい話を聞いてそのまま放ってはおけません。即座に、「作っちゃいましょう」と答えてしまいました。

すぐに厨房機器メーカー「照姫」の植さんに連絡をしました。いつも彼には、「こんな道具が欲しいんだけど」と新しい道具作りを依頼しています。たいていは僕の思いつきが多いのですが、毎回きちんと形にしてくれる心強い味方です。しかも同じ肉好き。「両方使えるなら画期的。やりましょう」と快諾してくれました。

そして1週間後に1号機となる試作品

改良過程ではテーブルが燃えることも。

を持ってきました。鉄板は鋳物なので新たに作るには金型が必要になります。が、そんなコストはかけられません。ガス用に使っていた鉄板を流用するため、長方形のロースターでした。卓上用は丸型の七輪タイプが多かったので、形としては目新しい。さっそく裕師さんの店で使ってもらいました。

すると、網を上にのせるだけだったのですぐにズレてしまう。炭火の火も強過ぎました。高さをさらに3・5㎝高くし、四方の角にズレ止めをつけましたが、まだ脇から脂やタレがたれてしまう。結局周りを囲む改良を加えました。

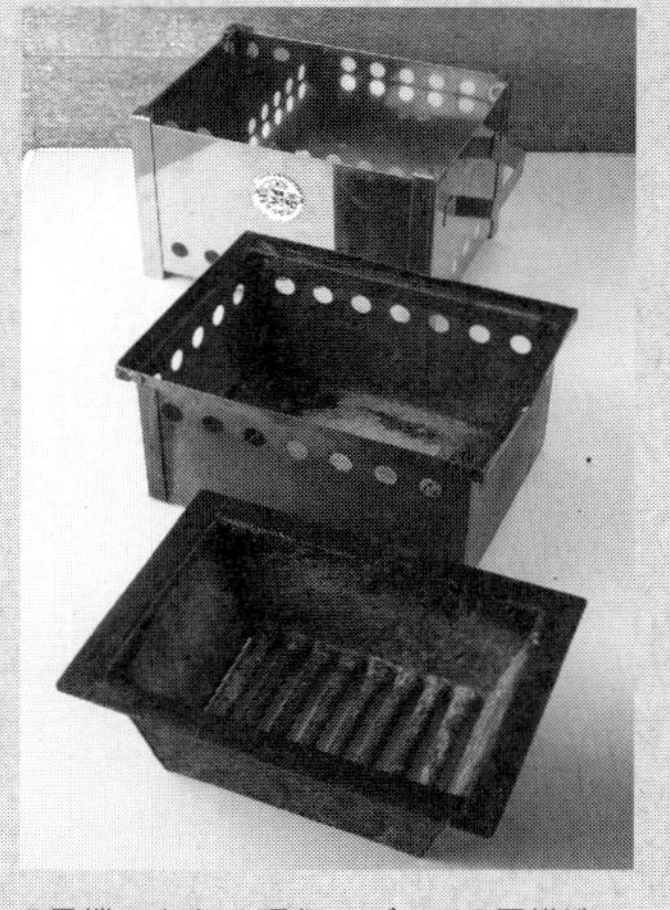
5号機にあたる現行モデルは3層構造にして断熱と蓄熱を可能に。

内部構造を2層から3層へ 機能美に磨きがかかる

この3号機は内部の抗火石という石の耐久性がなく、割れる不具合が出ました。そこで石を鉄に交換。これでようやく完成かと思ったのも束の間、今度は中が密閉されて炭火の熱がこもり、ロースターの底が熱くなってテーブルが燃えるという〝惨事〟が起こったのです。

結局、2層構造を3層にしたことで断熱することができ、蓄熱の効果も引き出せました。およそ1年かけて作り上げた試作は5台に及びましたが、網と鉄板双方を使いこなせるロースターが実現したのです。

裕師さんの店の特注として作りましたが、とても優れていたのでうちの店でも買えるようにお願いしました。ちなみに、「YK-T」はゆうじのYと釜浅のK。Tは裕師さんと僕が好きなクルマ「ポルシェ911」のベーシックモデルのグレードです。911はこの後E、S、RSとグレードが上がっていきます。つまり、これで満足したわけではなく、まだ完成途上なのです。

実際、裕師さんからは「火力の調整ができるといい」「鉄板のスリット幅を狭くするともっと効率よく肉が焼ける」と新たな改良点が指摘されています。美味い焼き肉をとにかく食べたい僕らの「肉愛」は、まだ当分冷めそうにありません。

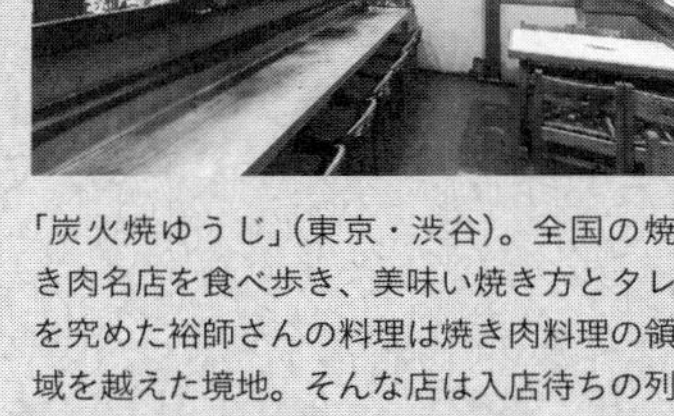
「炭火焼ゆうじ」（東京・渋谷）。全国の焼き肉名店を食べ歩き、美味い焼き方とタレを究めた裕師さんの料理は焼き肉料理の領域を越えた境地。そんな店は入店待ちの列が閉店まで絶えない都内有数の人気店。

鉄打出し
フライパン
SPECIAL

LET'S COOK!

野村友里さんと、18cm鉄打出しフライパンで料理を作ってみました

親しくしていただいているフードディレクターの野村友里さんは鉄打出しフライパンの大の愛用者。プライベートでもよく使っているそうです。そんな野村さんに、手軽にできるフライパン料理を教えてもらいました。

COOKING

「小さいフライパンだと洗うのも楽だし、料理をやろうという気になるんです」
——野村

東京・原宿にある野村さんのすてきな店「restaurant eatrip」に伺うと、野村さんが厨房で手にしたのが鉄打出しフライパンでは一番小さい18cmのタイプです。5人家族のわが家では小さくて使っていないサイズ。これでいったい、なにを作ってくれるんだろう?

ヤル気にさせる道具がそばにあると嬉しい

野村　このサイズのフライパンがとても気に入っているんです。料理が大げさにならないので、朝起きたときでもすぐにやろうと思えてくる。お弁当用のおかずを作るときも便利です。お鍋より洗うのが面倒ではないし、大きいフライパンだと重たいから洗うのがつい億劫になって、なかなかヤル気が起こらないこともあります。

熊澤　そういうのは大切ですよね。道具を見ると、料理がしたくなるというのは。道具にとっては幸せな話です。

野村　そして小さいけど、結構いろんなことができてしまう。なによりいい具合の焦げ目ができること。焦げ目上手は料理上手とも言われていますから。

熊澤　焦げ目はこの鉄打出しフライパンの最大の得意技です。蓄熱性や保温性もあるので、じっくり焼けて、だけど鉄もある程度厚いので食材の表面は焦げ過ぎない。

野村　そうです。たとえば、鶏肉をソテーしたりするとパリッと仕上がって、ものすごくきれいな焦げ目がつくんですよね。それを見るだけでもう嬉しくなりますし、食欲もそそられる。日常で、ちっちゃな喜びを見つけられるのって嬉しいじゃないですか（笑）。

熊澤　野村さんにそう言われると、道具がますますよく見えてきますね（笑）。

野村　今日はそんな焦げ目を生かした「カリカリコンビーフのハッシュポテト」と「スピナッチスフレオムレツ」、それに「コラトゥーラとグリーンソースを添えた金目鯛のグリル」の3品を作ろうと思っています。

熊澤　うわぁ、楽しみ。名前を聞いただけでよだれが出てきます。実は18㎝フライパンは小さいので、家では使うことがなかったのですよ。でも、こうして使われている姿を見ていると、欲しくなります。またむやみに道具を増やしてしまうと「もう置き場所がないのに」とうちの奥さんに怒られてしまいますが（笑）。

野村　以前『eatrip』という映画を作ったときに、フライパンに卵を割って流すシーンを撮ったのですが、それを大きなスクリーンで映したときは感動ものでした。黄身の黄色がパッと広がる様は鮮やかで、映えるし、とにかくきれい。ぐぐっと気持ちもアガってきます。

熊澤　鉄フライパンはアツアツで熱した上で料理しますから、入れた食材も躍るように躍動してくれます。

野村　食材を入れた瞬間に放つジャーッという音も、聞くだけでテンションが上がってきますよ。料理はやっぱり毎日することですから、なにかスイッチを入れてくれることって大事なんです。

シンプルな料理法が見直されている

野村　こうしたフライパンはお店でもよく売れているのですか？

熊澤　うちの店では今、ナンバーワンのヒット商品ですね。店に立っていて道具の売れ行きを見ていると、みなさんの暮らし方が変わってきたのがよくわかります。

野村　どういう感じに変わってきていますか？

熊澤　かつてのイタリアンブームのときはパスタに最適なアルミのフライパンが飛ぶように売れましたし、スペインブームになると今度はパエリアパンが売れるようになったのですが、最近はそうした海外の目新しいものに目を向けるのではなく、日本で昔から使われていた道具が人気を集めています。

野村　なるほど。今まで売れなかったものが売れ始めたわけですね。

熊澤　たとえば、鰹節削り。以前は動いても少しでしたが、今はときたま欠品するほどの人気ぶりです。家で鰹節を削って出汁をひいたり、パックとは違う風味を楽しみたいという人が増えているんでしょうね。

「うちにはこのサイズがない。道具は使っているところを見ると欲しくなります」——熊澤

RECIPE_1

カリカリコンビーフハッシュポテト

材料（1人分）

じゃがいも … 1個
片栗粉 … 小さじ2
オリーブオイル … 大さじ1
コンビーフ … 40g
塩 … 適量
パプリカパウダー… 適量
チリパウダー… 適量
サワークリーム … 小さじ1

作り方

❶じゃがいもは千切りにしてコンビーフを加えよく混ぜ合わせ、水分が出てくるまでしばらくおく（コンビーフの塩分があるので塩はお好みで加減をみて加える）。

❷1に片栗粉を加え全体がよく合わさったら、熱したフライパンにオリーブオイルを入れ、じゃがいもを均一になるように平らに敷く。こんがりきつね色になるまでじっくり弱火で両面焼き上げる。仕上げにパプリカパウダー、チリパウダーを振り、サワークリームを添える。

RECIPE_2
スピナッチスフレオムレツ

材料（1人分）
卵…1個
生クリーム…大さじ1
塩…小さじ⅓
こしょう…適量
バター…20g
ほうれん草…4枚
※仕上げにお好みで粉チーズ適量をふりかけても。

作り方
❶熱したフライパンにバター10gを入れ、食べやすい大きさに切ったほうれん草をさっと炒め、軽くこしょうをして取り出す。
❷卵白と卵黄を別のボウルに入れ、卵黄に生クリーム、こしょうを入れてよく混ぜ合わせる。卵白に塩を加え泡立器ですくっても泡が落ちないくらいよく泡立てたら、卵黄と手早くさっくりと混ぜ合わせる（混ぜ過ぎて泡が消えないように）。
❸熱したフライパンに残りのバターを入れ、2の卵液を流し込み、1を散らす。底面が色づいてきたらヘラを使って半分に折り、数秒フライパンのへりで形を整えながら火を通して仕上げる。

野村　それはとてもいいことですね。

熊澤　それから高性能の炊飯器がいくらでもあるのに、あえて鉄釜でごはんを炊きたいと店に買いに来る人がプロでも増えているし、一般の人も増えています。炭火焼きが売れ出しているのもそう。どうやら、あれこれ味を作っていくのではなく、素材が持っている味そのものを引き出す、根源的でシンプルな料理法が見直されているように感じます。

野村　確かにそうですね。毎年夏に、山にある家で過ごすのですが、そこに畑があって数年前から野菜を作り始めました。トマトは5種類、なすは10種類、じゃがいもに至っては15種類も。どれもとても美味しくて、普段野菜が食べられない姪っ子も畑で採れた野菜はもりもり食べるんです。食べきれないのでこの店のメニューに使ってもらっていますが、なるべく各野菜の味が生きる料理を考えてもらっています。

熊澤　料理法がシンプルになってくると、それに合わせて使う道具にも関心が集まってきているようで、鉄フライパンが人気を集めているのもそうした流れからでしょう。

野村　鉄だからサビるので、手間はかかるけど、そうした手間ひまかけることがなんだか楽しい。そういう気分にみんななってきたんでしょうね。

周りにあるものは厳選したものだけに

野村　私自身も年を重ねるほどに、食べることや暮らすことにこだわりが出てきて、それにともなって調味料や道具というものが以前よりますます気になる存在になってきたのを実感しています。中でも、道具に年々惹きつけられています。別に次から次へと新しいものを買い足すのではなく、どちらかというと無駄なものはあまり周りに置きたくない。ものも基本的には増やしたくないんです。できれば、必要なものだけそばに置いておきたいと思っています。

熊澤　僕らが扱っている道具はひとつで何役もこなせるものではありません。どちらかというと不器用で、ひとつの仕事ぐらいしかできない、でも、それをやらせたらほかには負けないという兵です。和庖丁が最たるものでしょう。細かく用途も分けられ、その道のスペシャリストをそろえています。でもそんな道具を使うからこそ、あの美しく独創的な和食が

「長く使っているとかわいくなってくるので、もう他人には貸したくないですね」――熊澤

生まれてきたんだと思うのです。

野村　盛りつけばしやごま煎をよく人にあげたりするんですよ。専門道具なのでそのときしか役に立たないんですが、あると嬉しい。そして使いたくなる。盛りつけばしを使うと、かいわれを添えるのもビシッと決まりますからね（笑）。

熊澤　そうした道具があることで、暮らしが楽しく、豊かになりますよね。

野村　そしてなによりも、そういう道具たちは形が愛くるしいというか、見た目のデザインはいつの時代でも鮮度が落ちない普遍性と美しさを持ち合わせています。

熊澤　そうなんです。そして手入れをしながら長く使ってあげると、それがいい具合に育っていくわけです。

野村　確かに、風合いや色合いがしっとりとしてきて、なんだか価値が出てきたように感じますよね。

熊澤　使っているほうも、使えば使うほどに愛着もわいてきて、道具のことがかわいく思えてくる。そうなると、もう他人には貸したくありません。これは僕のだから、ほかのを使ってとね（笑）。

野村　あっ、それわかります。このフライパンもそうですよね。使っているとどんどん油がなじんで、黒光りもしてきて愛くるしさを増してきます。そうなると、かわいくなっていつも見えるところに置いておきたい。姿が見えなくなるとなんだか嫌なので、棚などにしまわなくなるんです。

熊澤　キッチンに下がっているだけでも絵になりますしね。

野村　そしていつも見えるところにあるので、じゃ、これを使って料理をしようと思う。結果的に毎日使うようになってしまうんです。

熊澤　まさに道具といい関係が築けているようですね。野村さんのようにつき合ってもらえると道具は喜びますし、手入れをしてあげた分、どんどん表情も良く変わっていきます。

野村　そうやって道具と暮らしていけると、もっと楽しくなっていきそうですね。あっ、そろそろ料理もできあがりますよ。

熊澤　こりゃ、美味しそう。さっそくいただきます。今日はいろいろ貴重な話が聞けて有意義でした。

野村　私こそ道具の話ができて、楽しかったです。

「かわいい道具はいつも見えるところに置いておきたいので、しまわなくなります」——野村

RECIPE_3

コラトゥーラとグリーンソースを添えた金目鯛のグリル

材料（2人分）

金目鯛…2切れ
塩…適量
強力粉…適量
オリーブオイル…適量
水…40cc
コラトゥーラ…大さじ1
ケッパー…大さじ2
レモン…適量

〈グリーンソース〉
にんにく…3かけ（みじん切り・大さじ2ぐらい）
オリーブオイル…大さじ4
イタリアンパセリ…半パック（みじん切り）

作り方

❶ソースを作る。オリーブオイルを入れたフライパンににんにくを加えて弱火にかけ、ゆっくり熱を加え香りが出て少し色づいたらパセリを加え、火を止める 。

❷金目鯛は両面に軽く塩をして焼く直前に粉を全体に薄くはたき、熱したフライパンにオリーブオイルを多めに引き、強火で皮面から焼く。香ばしく色づいたら水とコラトゥーラを加え、蓋をして中に火が通るまで蒸し煮にし、ケッパーを加えひと煮立ちさせる。皿に金目鯛を置き、仕上げにグリーンソースをかけレモンを添える。

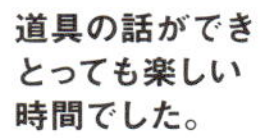

こんがりと仕上がった
ハッシュポテトは絶品。

また一層、
道具に興味が
わいてきました。

野村友里（のむら・ゆり）

フードディレクター、フードクリエイティブチーム「eatrip」主宰。ケータリングや雑誌連載、ラジオへの出演等を通して、食の可能性を多岐にわたって表現している。2009年には人と食との映画『eatrip（イートリップ）』を制作。2012年9月、原宿に「restaurant eatrip」をオープン。

道具との接し方を今一度、見直してみませんか？

料理道具屋である僕たちが扱っている商品は、今ではその気になれば１００円ショップでほとんどの物がそろってしまいます。単純に値段だけを比較したらとても太刀打ちできません。たとえば片手鍋、うちでは18㎝のアルミ姫野作本手打行平鍋が９０００円近くで売られています。およそ90倍です。

しかし、ただ意味もなくこんな値段で売っているワケではありません。そこには「理（ことわり）」があるからです。丈夫にするために丹念に鎚目を入れていく。柔らかく均等に熱を伝えるために厚い板の材料を使う。木柄がカタカタしないように先を細くするテーパーをつける。どれもとても手間のかかる仕事ですが、すべては美味しい料理を作るための理に忠実に従っただけです。

安く買って、ダメになったら捨てて新しいものに買い替える。仕方がないことでけして悪いことではないと思いますが、しかし良いこととも言えないでしょう。上質な物を手に入れ、手入れをしながら永く使い、自分の手になじむ道具に育てていく。本来、日本人はそういった文化の中で暮らしてきたように思います。愛情や慈しみを持って接していくことで、道具との良い信頼関係が生まれ、それがやがて、かけがえのない自分だけの道具へと昇華していくのです。

最後にこの本を出版するにあたり、快く引き受けて下さった料理人の方たち、

「髙野」髙野さん、「酢飯屋」岡田さん、「ｏｒｇａｎ」紺野さん、「魚のほね」櫻庭さん、「炭火焼ゆうじ」の樋口さん、そして野村友里さん。仕事の手を止めてお話をして下さった大切な職人さんたち、「及源鋳造」、「山田工業所」山田社長、「姫野作．」姫野さん、「田中打刃物」田中さん、「白木刃物」白木さん、「川北刃物」川北さん、「川澤刃物工業」川澤さん、「照姫」の植さん。

出版という機会を作って下さったＰＨＰ研究所の渡邉さん、佐藤俊郎さん、すてきな写真を撮って下さった三木さんと遠藤さん、デザイナーの細山田さんと藤井さん、イラストの塩川さん、いつも的確なアドバイスで支えてくれる出口さん、廣瀬さん、ありがとうございました。

そして、この場を借りて、長谷川さんを含む大好きな「チーム釜浅」のみんな、みんなと一緒に仕事ができることが僕の誇りです。レシピページではいつも通りの手際の良さでどんどん料理を作ってくれた妻の三恵子、ちょっと鼻が高かったよ。親父にも感謝を。この本を書いて、親父の考え方が知らず知らずのうちに、刷り込まれていることを改めて実感した。

僕たちは料理道具のことしかわかりませんが、日々の生活の中で道具との接し方を少しだけ気にしてもらえたら、きっと暮らしを豊かにできるのではないかなと思っています。この本がそのきっかけになってくれたらいいなと願っています。

２０１５年3月　東京・合羽橋にて　熊澤大介

昭和20年代

昭和初期

大正のころ

釜浅商店のこれまでの歩み

1908（明治41年）
東京・八王子出身の初代熊澤巳之助が主に釜を販売する店「熊澤鋳物店」を東京・合羽橋に創業。

1953（昭和28年）
2代目熊澤太郎により、屋号を浅草の釜屋という意味の「釜浅商店」に変更。

1963（昭和38年）
3代目熊澤義文入社。このころからガスレンジ、ステンレスシンクなど時代の需要に合わせて扱い始め、中華レンジや釜飯レンジなどのオリジナル商品を開発。

1980（昭和55年）
このころ、東京でいち早く南部鉄器を扱い始める。浅鍋、寄せ鍋などのオリジナル商品を次々考案。

1991（平成3年）
現在の釜浅スタイルの礎を築いた長谷川滋（P65で登場）が入社。道具への「銘入れ」サービスを開始。

1993（平成5年）
このころ、現在の主力商品の炭火焼きに力を入れ始める。

2004（平成16年）
熊澤大介、4代目店主に就任。

2008（平成20年）
東京・広尾に支店開店（2012年閉店）。

2011（平成23年）
●4月　エイトブランディングデザインの西澤明洋氏との出会いにより、リブランディングを行う。併せて「良理道具」という考え方を改めて明文化する。

料理道具の周辺ではこんなことが！

1991
バブル崩壊。
★景気が低迷し、飲食業界は活気を失い合羽橋への客足も減る。

1993
フジテレビ系列で『料理の鉄人』放送開始。
★スターシェフがテレビに登場し、料理への関心が高まる。

1996
『SMAP×SMAP』放送開始。「ビストロスマップ」コーナーが人気に。
★合羽橋に一般のお客様が増え始める。

2000
空前のラーメンブームが巻き起こる。
★釜やかまどが見直され始める。

2007
『ミシュランガイド東京』が創刊。釜浅商店の道具を愛用するプロの料理人の店も数多く星を獲得。
★合羽橋に外国人が増え始める。

2008
リーマンショック。
★広尾店の常連客だった在日外国人が激減。

ロゴマークを刷新し、店内を改装する(2011年)

撮影(左写真も):宮本啓介

リブランディング(2011年)

2012(平成24年)

● 11月　東京・渋谷の「炭火焼ゆうじ」と共同開発した炭火焼ロースター「YK-T」を発売。

● 1月　期間限定の店舗「移動式釜浅商店」の稼働開始。東京・六本木のスーベニアフロムトーキョーで。

● 4月　店内にギャラリー「KAMANI」をオープン。

● 9月　「釜浅の鉄打出しフライパン」を開発・発売。

● 11月　渋谷ヒカリエにて移動式釜浅商店。

2013(平成25年)

● 3月　東京・世田谷のD&DEPARTMENT東京店で「合羽橋のプロの道具展～釜浅商店～」開催。

● 9月　パリのデザインイベント「デザインウィーク」に参加。

● 10月　D&DEPARTMENT東京店内にインショップオープン。

2014(平成26年)

● 4月　パリのギャラリー「NAKANIWA」にて海外での初単独イベント「日本の庖丁とその背景」開催。

● 5月　東京・六本木の東京ミッドタウンにて移動式釜浅商店。

● 6月　渋谷ヒカリエにて移動式釜浅商店。

● 12月　神奈川県藤沢市の湘南T-SITE蔦屋書店内にインショップオープン。

2015(平成27年)

● 1月　サンフランシスコのヒースセラミックスで開催されたイベント「DASHI KATACHI」に出展。アメリカで初の展示即売会。

● 3月　熊澤大介、初の著書を上梓する。

2011　東日本大震災。
★暮らし方を見直そうという機運が起こる。

2012　東京スカイツリー開業。
★東京の下町に多くの注目が集まり、合羽橋も賑わう。

2013　「和食」がユネスコ無形文化遺産に登録される。
★和の料理道具が世界から注目。

2014　円安の影響で外国人観光客が急増。

湘南T-SITE蔦屋書店に誕生したインショップ。

SPECIAL THANKS

本の制作でお世話になったみなさま

寿司店「酢飯屋」
店主 岡田大介さん
東京都文京区水道2-6-6
☎03-3943-9004
http://www.sumeshiya.com/

★炭火焼ロースター

「炭火焼ゆうじ」
店主 樋口裕師さん
東京都渋谷区宇田川町11-1 松沼ビル1F
☎03-3464-6448
http://yakiniku-yuji.com/

株式会社照姫
専務 植 大さん

★鉄打出しフライパンSPECIAL

フードディレクター
野村友里さん
restaurant eatrip
東京都渋谷区神宮前6-31-10
☎03-3409-4002
http://eatrip.jp/

どうもありがとうございました!

★南部鉄器

及源鋳造株式会社

★庖丁

大阪府堺市の職人
庖丁鍛冶 田中義一さん
庖丁鍛冶 白木健一さん
刃付け 川北一己さん
柄付け 川澤忠勝さん

★フライパン

有限会社山田工業所
代表取締役 山田豊明さん

★行平鍋

有限会社姫野作.
代表取締役 姫野寿一さん

★プロの使い手

和食「髙野」
店主 髙野正義さん
東京都港区新橋1-11-1 中静ビル2F
☎03-5537-3804
http://www.takano-gohan.com/

日本料理「魚のほね」
店主 櫻庭基成郎さん
東京都渋谷区恵比寿1-26-12
フラット16 3F
☎03-5488-5538

ビストロ「organ」
オーナー 紺野 真さん
東京都杉並区西荻南2-19-12
☎03-5941-5388

Special thanks

釜浅 商店

東京都台東区松が谷2-24-1
☎03-3841-9355
http://www.kama-asa.co.jp/

熊澤大介（くまざわ・だいすけ）

釜浅商店4代目店主。1974年東京・浅草生まれ。アンティーク店「パンタグリュエル」（東京・恵比寿）、家具・カフェ「オーガニックデザイン」（東京・中目黒）を経て、東京・合羽橋の家業である釜浅商店に1999年入社。2004年より4代目の店主に。創業103年の2011年に店のリブランディングを行う。良い理（ことわり）のある道具＝「良理道具」を多くの人に伝えようと、道具たちとの幸福な出会いの場を国内外で提供する。

STAFF

編集協力	釜浅商店チーム
	出口 治・廣瀬美葵
撮影	三木麻奈
	遠藤 宏（P56-57、P84-85、P100-101、P112-113、P140-143）
アートディレクション	細山田光宣
デザイン	藤井保奈（細山田デザイン事務所）
イラスト	塩川いづみ
構成	佐藤俊郎
DTP	株式会社PHPエディターズ・グループ

創業明治41年
釜浅商店の「料理道具」案内

2015年3月30日　第1版第1刷発行

著　者	熊澤大介
発行者	安藤 卓
発行所	株式会社PHP研究所

京都本部　〒601-8411　京都市南区西九条北ノ内町11
生活文化出版部　☎075-681-9149（編集）

東京本部　〒102-8331　千代田区一番町21
普及一部　☎03-3239-6233（販売）

PHP INTERFACE　http://www.php.co.jp/

印刷所・製本所　図書印刷株式会社

ISBN978-4-569-82257-0